Piąta Góra

Paulo Coelho

Piąta Góra

Przełożyły
Grażyna Misiorowska
Basia Stępień

tytuł oryginału
O Monte Cinco

koncepcja graficzna
Michał Batory

zdjęcie Autora
Basia Stępień

redakcja i korekta
Zyta Oryszyn

przygotowanie do druku
PressEnter

wydawca dedykuje tę książkę
Rodzicom
dzięki którym jesteśmy
Tu i Teraz

Drzewo Babel
ul. Litewska 10/11 • 00-581 Warszawa
listy@drzewobabel.pl
www.drzewobabel.pl

ISBN 978-83-904230-6-7

Od autora

Główne przesłanie mojej książki *Alchemik* za-
wiera się w słowach króla Melchizedecha do pasterza Santiago: „Kiedy czegoś gorąco pragniesz, to
cały Wszechświat działa potajemnie, by udało ci
się to osiągnąć".

W pełni w to wierzę. Choć nasz los jest ciągiem
etapów, których sensu nie potrafimy zrozumieć, to
wiodą nas one ku naszej Legendzie i pozwalają nauczyć się tego, co jest konieczne do wypełnienia
własnego przeznaczenia. Sądzę, że najlepszym
sposobem wyjaśnienia tego, o czym mówię, jest
przytoczenie pewnego epizodu z mojego życia.

12 sierpnia 1979 roku zasypiałem pewien jednego: w wieku trzydziestu lat udało mi się wspiąć na
szczyt kariery w branży płytowej. Byłem wtedy dy-
rektorem artystycznym brazylijskiej filii CBS
i właśnie zostałem zaproszony do Stanów Zjedno-
czonych na rozmowy z właścicielami wytwórni,

którzy bez wątpienia mieli otworzyć przede mną możliwości spełnienia wszystkiego, czego pragnąłem w tej dziedzinie. Moje wielkie marzenie, by zostać pisarzem, odsunąłem oczywiście na bok, ale cóż to miało za znaczenie? Przecież prawdziwe życie całkiem różniło się od moich wcześniejszych o nim wyobrażeń. W Brazylii nie ma przestrzeni do życia z literatury.

Tamtej nocy podjąłem decyzję i porzuciłem swoje marzenie. Trzeba było przystosować się do okoliczności i wykorzystać nadarzającą się sposobność. Gdyby zaś moje serce protestowało, mogłem zawsze je oszukać, pisując teksty do muzyki albo do jakiejś gazety. Poza tym byłem przekonany, że choć moje życie obrało inny kierunek, to przecież nie mniej ekscytujący – czekała mnie błyskotliwa kariera w wielkich wytwórniach muzycznych.

Gdy się obudziłem, zadzwonił do mnie prezes firmy. Podziękowano mi za pracę bez szczegółowych wyjaśnień. Choć przez następne dwa lata pukałem do wielu drzwi, nigdy już nie udało mi się dostać pracy w branży.

Kończąc *Piątą Górę* przypomniałem sobie tamtą historię i inne przejawy nieuniknionego w moim życiu. Ilekroć czułem się całkowitym panem sytuacji, zdarzało się coś, co strącało mnie w dół. Nękało mnie pytanie: dlaczego? Czyżbym był skazany na to, by zawsze zbliżać się do celu, ale nigdy nie przekroczyć linii mety? Czyżby Bóg był aż tak okrutny, by sprowadzać na mnie śmierć na pustyni, w chwili gdy dostrzegałem palmy na horyzoncie?

Długo to trwało, zanim zrozumiałem, że wytłumaczenie było całkiem inne. Pewne zdarzenia dzieją się w naszym życiu po to, abyśmy mogli wrócić na prawdziwą drogę własnej Legendy. Inne po to, aby zastosować w praktyce to, czego się nauczyliśmy. I w końcu są takie, które dzieją się, aby nas czegoś nauczyć.

W mej książce *O Diário de um Mago* starałem się pokazać, że nauki te wcale nie muszą wiązać się z bólem i cierpieniem, wystarczy zdyscyplinowanie i natężona uwaga. Choć zrozumienie tego stało się błogosławieństwem mego życia, mimo wytężonej pracy umysłu nie potrafiłem pojąć pewnych trudnych momentów, przez które przeszedłem.

Wspomniana historia może być tego przykładem – byłem profesjonalistą, dawałem z siebie to, co najlepsze i miałem pomysły, które do dziś uważam za dobre. Ale nieuniknione nadeszło i to dokładnie w chwili, gdy czułem się tak pewnie. Zdaje mi się, że nie jestem w tym doświadczeniu odosobniony. Nieuniknione otarło się o życie wszystkich ludzkich istot na tej ziemi. Jedni się podnoszą, inni dają za wygraną – ale każdy z nas poczuł kiedyś dotyk skrzydeł tragedii.

Po co? Aby odpowiedzieć na to pytanie pozwoliłem, by Eliasz poprowadził mnie przez dni i noce Akbaru.

Paulo Coelho

I dodał:
„Zaprawdę, powiadam wam:
Żaden prorok nie jest mile
widziany w swojej ojczyźnie.
Naprawdę, mówię wam:
Wiele wdów było w Izraelu za czasów Eliasza,
kiedy niebo pozostawało zamknięte
przez trzy lata i sześć miesięcy,
tak że wielki głód panował w całym kraju;
a Eliasz do żadnej z nich nie został posłany,
tylko do owej wdowy w Sarepcie Sydońskiej.

Łukasz, 4, 24-26

Wstęp.

Na początku 870 roku przed Chrystusem kraj znany jako Fenicja, a przez Izraelitów zwany Libanem, święcił blisko trzy stulecia pokoju. Jego mieszkańcy mieli z czego być dumni: choć politycznie niezbyt silni, potrafili, budząc tym zazdrość, paktować, co było jedynym sposobem na przetrwanie w świecie nękanym ustawicznymi wojnami. Unia zawiązana z królem Izraela Salomonem około 1000 roku przed Chrystusem pozwoliła na unowocześnienie floty i handlową ekspansję. Odtąd Fenicja nie przestawała rosnąć w siłę.

Jej żeglarze docierali do lądów tak odległych jak Hiszpania czy innych obmywanych przez Ocean Atlantycki brzegów. Wedle nie potwierdzonych teorii, pozostawili oni swoje inskrypcje w północno-wschodniej i południowej Brazylii. Handlowali szkłem, cedrem, bronią, żelazem i kością słoniową. Mieszkańcy dużych miast: Sydonu, Tyru i Byblos znali liczby, umieli dokonywać obliczeń astronomicznych, wiedzieli jak produkować wino i od blisko dwustu lat używali do zapisów zbioru liter, który Grecy nazwali *alfabetem*.

Na początku 870 roku przed Chrystusem, w odległym mieście zwanym Niniwa zwołano radę wojenną. Grupa asyryjskich wodzów zdecydowała wysłać swe wojska na podbój narodów zamieszkujących wybrzeże Morza Śródziemnego. Fenicja została wybrana jako pierwszy cel najazdu.

Na początku 870 roku przed Chrystusem dwóch mężczyzn ukrytych w jednej ze stajni w Galaadzie w Izraelu, czekało na mającą wkrótce nadejść śmierć.

Część pierwsza

– Służyłem Panu, który teraz zostawił mnie na pastwę wroga – powiedział Eliasz.

– Bóg jest Bogiem – odparł lewita. – Nie powiedział Mojżeszowi czy jest zły, czy dobry, rzekł jedynie *Jestem*. Jest zatem wszystkim, co istnieje pod słońcem – piorunem niszczącym dom i ręką człowieczą, która ten dom odbuduje.

Rozmowa była jedynym sposobem, by nie myśleć o strachu. W każdej chwili żołnierze, którzy przeczesywali dom po domu, nawracając lub mordując proroków, mogli otworzyć drzwi stajni, w której obaj się ukryli i dać im do wyboru jedną z dwóch możliwości: albo oddanie czci fenickiemu Baalowi albo śmierć.

Lewita mógł się nawrócić i uniknąć śmierci. Lecz Eliasz nie miał wyboru: wszystko to stało się z jego winy i Jezabel za wszelką cenę chciała mieć jego głowę.

– To anioł Pański nakazał mi, bym poszedł mówić z królem Achabem i ostrzegł go, iż tak jak długo Baal będzie czczony w Izraelu, nie spadnie deszcz – wyjaśnił, jakby prosząc o wybaczenie za to, że usłuchał anioła. – Lecz Bóg działa powoli i nim skutki suszy zaczną być widoczne, wszyscy wierni Panu zostaną wymordowani przez księżniczkę Jezabel.

Lewita milczał. Rozważał, czy powinien oddać cześć Baalowi, czy zginąć w imię Pana.

– Kim jest Bóg? – ciągnął Eliasz. – Czy to On podtrzymuje miecz żołnierza zabijającego tych, którzy trwają przy wierze naszych patriarchów? Czy to On posadził na naszym tronie obcą księżniczkę, by wszystkie te nieszczęścia spadły na nasze pokolenie? Czy to Bóg zabija wiernych, niewinnych, tych, którzy przestrzegają Mojżeszowego prawa?

Lewita podjął decyzję – wolał umrzeć. Zaczął się śmiać, bo nie przerażała go już myśl o śmierci. Zwrócił się ku młodemu prorokowi, starając się go uspokoić:

– Sam zapytaj Boga kim jest, skoro wątpisz w Jego wyroki – rzekł. – Ja już pogodziłem się ze swoim losem.

– Pan nie może chcieć, byśmy zginęli w bezlitosnej rzezi – upierał się Eliasz.

– Bóg może wszystko. Gdyby ograniczył się tylko do czynienia tego, co nazywany Dobrem, nie moglibyśmy nazywać Go Wszechmogącym. Panowałby jedynie nad częścią Wszechświata i musiałby istnieć ktoś odeń potężniejszy, oceniający Jego czyny. Wtedy wolałbym oddawać cześć temu Najpotężniejszemu.

– Jeśli On może wszystko, to dlaczego nie

oszczędzi cierpienia tym, którzy Go kochają? Dlaczego nas nie ocali, miast przysparzać chwały i dodawać siły Swym wrogom?

– Nie wiem – odparł lewita. – Ale musi istnieć powód i mam nadzieję, że poznam go wkrótce.

– Nie znasz odpowiedzi na to pytanie.

– Nie.

Zamilkli. Eliasza oblał zimny pot.

– Jesteś przerażony, a ja już zaakceptowałem swój los – powiedział lewita. – Wyjdę stąd, by skończyć z tą powolną agonią. Ilekroć słyszę krzyk z zewnątrz, cierpię ponad siły, wyobrażając sobie jak to będzie, gdy wybije moja godzina. Umarłem już stokroć, odkąd tkwimy tu zamknięci, a mogłem umrzeć tylko raz. Skoro mam zostać zgładzony, niech się to stanie jak najszybciej.

Miał rację. Eliasz słuchał tych samych krzyków i też przeżywał katusze.

– Wychodzę z tobą. Jestem zmęczony walką o tych kilka godzin życia więcej.

Podniósł się i otworzył drzwi stajni, wpuszczając do środka promienie słońca, które oświetliły dwóch ukrywających się tu mężczyzn.

Lewita wziął Eliasza pod ramię i ruszyli przed siebie. Gdyby nie pojedyncze krzyki, zdawać by się mogło, że to zwykły dzień w mieście podobnym do innych – słońce nie nazbyt palące, bryza znad odległego oceanu niosąca orzeźwiający chłód, zakurzone ulice, domy z gliny i słomy.

– Wprawdzie nasze dusze nęka strach przed śmiercią, ale dzień jest piękny – przemówił lewita.

– Niemal zawsze, ilekroć czułem się pogodzony z Bogiem i światem, panował nieznośny upał, a pustynny wiatr wciskał mi piasek do oczu tak, że na krok nie mogłem niczego rozróżnić. Nie zawsze Boskie zamiary są w zgodzie z tym, gdzie jesteśmy i co czujemy, ale jestem pewny, że On ma we wszystkim swój cel.

– Podziwiam twoją wiarę.

Lewita spojrzał w niebo, jakby się namyślając. Potem zwrócił się do Eliasza:

– Nie podziwiaj, ani nie ufaj zanadto: założyłem się sam ze sobą. Założyłem się, że Bóg istnieje.

– Jesteś prorokiem – odpowiedział Eliasz. – Słyszałeś również głosy, więc wiesz, że oprócz tego świata, istnieje jeszcze inny.

– Być może to tylko moja wyobraźnia.

– Widziałeś Boże znaki – nalegał Eliasz, coraz bardziej zaniepokojony słowami swego towarzysza.

– Być może to tylko moja wyobraźnia – usłyszał tę samą odpowiedź. – Przecież realny jest tylko mój zakład: pomyślałem sobie, że wszystko to pochodzi od Najwyższego.

Na ulicy nie było żywej duszy. Ludzie czekali w domach, aż żołnierze Achaba dokończą dzieła nakazanego im przez obcą księżniczkę i wytną w pień proroków Izraela. Eliasz szedł u boku lewity, mając nieodparte wrażenie, że za każdym oknem i każdymi drzwiami ktoś bacznie go obserwuje i obwinia za to, co się dzieje.

– Nie prosiłem o to, by być prorokiem. A może wszystko to jest również owocem mojej wyobraźni? – rozważał w myślach.

Jednak po tym, co wydarzyło się w warsztacie stolarskim, wiedział że to nieprawda.

Jeszcze będąc dzieckiem słyszał głosy i rozmawiał z aniołami. Rodzice nakłonili go, by udał się do izraelskiego kapłana, który wysłuchawszy odpowiedzi Eliasza na zadane pytania, rozpoznał w nim *nabi*, proroka, „męża natchnionego", tego który „raduje się głosem Boga".

Po wielogodzinnej rozmowie z Eliaszem, kapłan poprosił rodziców, by wszystko co powie ich syn traktowali z powagą.

W drodze powrotnej do domu rodzice wymogli na synu, by nigdy nikomu nie rozpowiadał o tym, co zobaczy i usłyszy: być prorokiem oznaczało mieć rządzących na karku, a to zawsze jest niebezpieczne.

Jednak Eliasz nigdy nie słyszał niczego, co mogłoby zainteresować kapłanów czy królów. Rozmawiał tylko ze swym aniołem stróżem i słuchał rad dotyczących własnego życia. Od czasu do czasu jawiły mu się obrazy, których nie rozumiał – odległe oceany, góry zaludnione przez osobliwe istoty, uskrzydlone koła z oczami. Gdy wizje znikały, posłuszny woli swych rodziców, starał się zapomnieć o nich jak najszybciej.

Dlatego i głosy i obrazy powracały coraz rzadziej. Rodzice byli zadowoleni i nie wracali do tematu. Gdy osiągnął wiek, w którym winien był sam zapewnić sobie byt, pożyczyli mu pieniędzy na otwarcie małego warsztatu stolarskiego.

Często przyglądał się z szacunkiem innym prorokom, którzy przechadzali się ulicami Galaadu: nosili futrzane płaszcze i skórzane pasy, twierdzili, że Pan ich wybrał, aby prowadzili lud wybrany. Nie sądził, by było to jego powołaniem. Nigdy, z obawy przed bólem, nie zdołał wprowadzić się w trans samobiczowaniem czy tańcem, co zwykli czynić „radujący się głosem Boga". Nigdy nie obnosił z dumą po ulicach Galaadu blizn po ranach zadanych sobie w ekstazie, bo był na to zbyt nieśmiały.

Uważał siebie za zwykłego człowieka, odzienie nosił jak wszyscy, lękał się i był wodzony na pokuszenie jak każdy śmiertelnik. Im dłużej pracował w warsztacie, tym mniej głosów słyszał, aż umilkły zupełnie, bowiem dorośli i zapracowani nie mają czasu na takie sprawy. Rodzice radowali się swym synem i życie toczyło się w harmonii i spokoju.

Rozmowa z kapłanem stała się z czasem zaledwie odległym wspomnieniem. Eliasz nie mógł uwierzyć, że Bóg Wszechmogący ma potrzebę rozmawiać z ludźmi, aby narzucić im swoje plany. To, co zdarzyło mu się w dzieciństwie, uznał za urojenia chłopca, który miał za dużo wolnego czasu.

W Galaadzie, jego rodzinnym mieście, żyli ludzie, których mieszkańcy uważali za szaleńców. W ich słowach nie było logiki i nie umieli odróżnić głosu Pana od swych obłąkańczych majaczeń. Zdani na cudzą łaskę żyli na ulicy, wieszcząc koniec świata. Mimo to, żaden z kapłanów nie uznawał ich za tych, którzy „radują się głosem Pana".

W końcu doszedł do wniosku, że kapłani nigdy nie byli pewni własnych słów. Istnienie „radujących się głosem Pana" było jedynie konsekwencją sytuacji panującej w kraju, który nie wiedział dokąd zmierza, w którym bracia walczyli ze sobą, a rządy zmieniały się ustawicznie. Zaś prorocy i szaleńcy niczym nie różnili się od siebie.

Gdy doszły go wieści o zaślubinach króla z tyryjską księżniczką Jezabel, niewiele go to obeszło.

Inni królowie Izraela czynili już to wcześniej by kraj był bezpieczny i rozwijał się handel z Libanem. Nieważne było dla niego, czy mieszkańcy sąsiedniego kraju wierzyli w nieistniejących bogów, czy oddawali cześć zwierzętom i górom – ważne było jedynie, że uczciwie handlowali. Kupował od nich cedr i sprzedawał im swoje wyroby. Byli może nieco nazbyt dumni, jednak nigdy żaden z libańskich kupców nie próbował czerpać korzyści z zamieszek panujących w Izraelu. Uczciwie płacili za towary i nie komentowali sytuacji politycznej sąsiadów ani ich ciągłych wojen wewnętrznych.

Jezabel, zasiadłszy na tronie, poprosiła Achaba, by zastąpił kult Pana kultem libańskich bogów.

I to już wcześniej się zdarzało. Eliasz nadal oddawał cześć Panu i wypełniał prawa Mojżeszowe, a Achabem gardził za uległość. „Wszystko to przeminie – Jezabel uwiodła Achaba, lecz nie będzie dość silna, by przekonać lud".

Ale Jezabel nie była jak inne kobiety: wierzyła, że Baal zesłał ją na ten świat, by nawracała inne narody. Zręczna, cierpliwa, zaczęła wynagradzać tych, którzy opuszczali Pana dla nowych bóstw. Achab nakazał wznieść Baalowi świątynię w Samarii i postawić mu ołtarz. Rozpoczęły się pielgrzymki i kult libańskich bogów zaczął się szerzyć w całym kraju.

„To wszystko minie. Może trwać będzie przez jedno pokolenie, ale minie" – wciąż powtarzał sobie Eliasz.

Wtedy zdarzyło się coś nieoczekiwanego. Pewnego wieczoru, gdy wykańczał stół, w jego warsztacie pociemniało i tysiące białych punkcików zaczęło się iskrzyć wokół niego. Poczuł niezwykle silny ból głowy. Chciał usiąść, ale nie był w stanie się poruszyć.

To nie działo się w jego wyobraźni.

„Umarłem – pomyślał. – Odkrywam teraz miejsce, gdzie Bóg wysyła nas po śmierci – sam środek nieba".

Jedna z iskier rozbłysła jaśniej i nagle, jakby zewsząd, usłyszał:

Powiedz Achabowi: „Na życie Pana, Boga Izraela, przed którego obliczem stoisz, nie będzie w tych latach ani rosy, ani deszczu, dopóki nie powiem".

W chwilę potem wszystko było jak dawniej: warsztat, światło zmierzchu, głosy dzieci bawiących się na ulicy.

W nocy Eliasz nie mógł zasnąć. Po raz pierwszy od wielu lat wróciły wspomnienia z dzieciństwa, lecz tym razem to nie anioł stróż do niego przemówił, lecz „coś" potężniejszego. Obawiał się, że jeśli nie spełni nakazu, wszystkie jego przedsięwzięcia zostaną przeklęte.

Następnego ranka postanowił zrobić to, o co go poproszono. Co go obchodziła wiadomość nie dotycząca jego? Wypełni zadanie i głosy zostawią go w spokoju.

Bez trudu uzyskał audiencję u króla Achaba. Wiele pokoleń wcześniej, gdy na tron wstąpił król Samuel, prorocy zaczęli wywierać wpływ na handel i rządy. Mogli żenić się i mieć dzieci, ale musieli zawsze być do dyspozycji Pana, aby władcy nigdy nie zbaczali z właściwej drogi. Wedle tradycji, to dzięki tym, którzy „radowali się głosem Boga", wygrano wiele bitew, a Izrael przetrwał, bo u boku króla stał zawsze prorok, który naprowadzał go na ścieżkę Pana.

Przybywszy do Achaba, Eliasz ostrzegł go, że susza nękać będzie kraj, dopóki nie zniknie kult fenickich bogów.

Władca niezbyt przejął się jego słowami, ale towarzysząca mu Jezabel słuchała uważnie i zaczęła zadawać pytania. Eliasz opowiedział jej więc o wizji, o bólu głowy, o wrażeniu, że czas stanął, w chwili gdy przemawiał do niego anioł. Podczas gdy opowiadał, co mu się przytrafiło, mógł z bliska przyjrzeć się księżniczce, o której głośno było w całym Izraelu. Była jedną z najurodziwszych kobiet jakie w życiu widział. Miała długie, opadające na doskonale krągłą kibić, czarne włosy, oliwkową skórę i błyszczące, zielone oczy. Wpatrywała się nimi w Eliasza, jednak spojrzenie miała nieodgadnione. Nie potrafił z niego wyczytać, jakie wrażenie wywarły na niej jego słowa.

Odszedł z pałacu w przekonaniu, że wypełnił swą misję i może spokojnie powrócić do pracy w warsztacie. W drodze powrotnej pragnął Jezabel z całą namiętnością swych dwudziestu trzech lat. Prosił Boga, aby w przyszłości dane mu było spotkać kobietę z Libanu, bo kobiety te były piękne, miały smagłą skórę i zielone oczy pełne tajemnic.

Pracował do wieczora i usnął w spokoju. Następnego dnia przed świtem obudził go lewita. Jezabel przekonała króla, że prorocy stanowią zagrożenie dla rozkwitu i wzrostu potęgi Izraela. Żołnierze Achaba otrzymali rozkaz zgładzenia wszystkich tych, którzy odmówią porzucenia świętej misji powierzonej im przez Pana.

Eliaszowi nie dano jednak prawa wyboru – miał zostać zabity.

Obaj z lewitą spędzili dwa dni ukryci w stajni na południu Galaadu, podczas gdy czterystu pięćdziesięciu *nabi* zamordowano. Większość proroków, którzy chodzili po ulicach umartwiając się samobiczowaniem i wieszcząc koniec świata, nawróciło się na nową religię z powodu braku wiary i dla zysku.

Świst, a po nim krzyk, przerwały myśli Eliasza. Zaniepokojony odwrócił się w stronę swego towarzysza.

– Co się stało?

Nie było odpowiedzi: przeszyte strzałą ciało lewity osunęło się na ziemię.

Na wprost niego jakiś żołnierz umieszczał nową strzałę w łuku. Eliasz rozejrzał się dokoła: całkiem pusta ulica, wszystkie drzwi i okna zamknięte, oślepiające słońce na niebie, łagodny wiatr znad oceanu, o którym słyszał, a którego nie znał. Chciał uciekać, ale wiedział, że strzała dosięgnie go, nim dotrze do najbliższego rogu.

„Jeśli mam zginąć, niech nie będzie to strzał w plecy" – pomyślał.

Żołnierz napiął łuk. Ku swemu zdziwieniu Eliasz poczuł, że nie ma w nim strachu ani woli życia, ani niczego innego. Tak jakby wszystko od dawna zostało ukartowane, a oni dwaj – on i żołnierz – mieli odegrać jedynie role w dramacie nie przez nich napisanym. Przypomniał sobie dzieciństwo, ranki i wieczory w Galaadzie, swoje niedokończone prace ciesielskie. Pomyślał o matce i ojcu, którzy nigdy nie chcieli, aby ich syn był prorokiem. Pomyślał o oczach Jezabel i uśmiechu króla Achaba.

Pomyślał o tym, jak głupio jest umierać, mając niespełna dwadzieścia trzy lata, nie zaznawszy miłości kobiety.

Ręka puściła cięciwę, strzała przecięła powietrze, ze świstem przemknęła koło jego prawego ucha i utkwiła w ziemi, wzniecając kurz.

Żołnierz raz jeszcze założył strzałę i wycelował. Jednak zamiast strzelić, patrzył Eliaszowi prosto w oczy.

– Jestem najlepszym łucznikiem w wojsku Achaba – zawołał. – Przez ostatnich siedem lat nigdy nie chybiłem celu.

Eliasz spojrzał na ciało lewity.

– Ta strzała była dla ciebie. – Żołnierz trzymał

napięty łuk w drżących rękach. Eliasz był jedynym prorokiem skazanym na śmierć: inni mogli wybrać wiarę w Baala.

– Kończ więc swe zadanie.

Był zaskoczony własnym spokojem. Wielekroć podczas nocy w stajni wyobrażał sobie śmierć, ale teraz zrozumiał, że cierpiał ponad miarę. Za kilka sekund wszystko się skończy.

– Nie mogę – powiedział żołnierz, któremu ręce wciąż drżały tak, że nie był w stanie utrzymać łuku. – Odejdź stąd, zejdź mi z oczu, bo to zapewne Bóg odmienił bieg moich strzał i zostanę przeklęty, jeśli zdołam cię zabić.

Dopiero wtedy, gdy zrozumiał, że ma szansę przeżyć, przestraszył się śmierci. Jeszcze mógł ujrzeć ocean, spotkać kobietę, mieć dzieci, dokończyć swe prace ciesielskie.

– Kończ z tym jak najszybciej – powiedział. – Jestem teraz spokojny, lecz jeśli będziesz zwlekał, zacznę cierpieć z powodu rzeczy, które utracę.

Żołnierz rozejrzał się dokoła, aby upewnić się czy nikt nie jest świadkiem tej sceny. Potem opuścił łuk, schował strzałę do kołczana i zniknął za rogiem.

Eliasz poczuł jak zaczynają mu drżeć nogi: strach wracał z całą mocą. Musiał uciec natychmiast, zniknąć z Galaadu, by nigdy więcej nie stawać twarzą w twarz z żadnym łucznikiem mierzącym w jego serce. Nie wybierał swego losu i nie po to poszedł do Achaba, by chełpić się przed sąsiadami, że rozmawiał z królem. Nie on był odpowiedzialny za rzeź proroków, ani za to, że pewnego popołudnia widział, jak zatrzymał się czas, a warsztat zamienił w czarną otchłań pełną połyskujących punkcików.

Tak samo jak żołnierz rozejrzał się dokoła: ulica była pusta. Pomyślał, że trzeba sprawdzić, czy jeszcze można uratować życie lewicie, lecz na nowo tak bardzo zaczął się bać, że uciekł, zanim ktokolwiek się pojawił.

Szedł przez wiele godzin zarośniętymi, dawno nie uczęszczanymi ścieżkami, aż dotarł nad brzeg potoku Kerit. Wstydził się swego tchórzostwa, ale i radował, że żył.

Napił się trochę wody, usiadł i dopiero wtedy zdał sobie sprawę ze swojej sytuacji: jutro będzie musiał coś zjeść, a przecież nie znajdzie pożywienia na pustyni.

Przypomniał sobie swój warsztat stolarski, pracę, którą wykonywał przez wiele lat i musiał porzucić. Niektórzy sąsiedzi byli jego przyjaciółmi, ale nie mógł na nich liczyć. Wieść o jego ucieczce z pewnością rozeszła się już po mieście i wszyscy znienawidzili go za to, że wydał na śmierć mężów prawdziwej wiary, a sam uciekł.

Wszystko, czego dotąd dokonał, legło w gruzach dlatego tylko, że zgodził się wypełnić wolę Pana. Jutro, przez najbliższe dni, tygodnie i miesiące, kupcy z Libanu będą dobijać się do drzwi warsztatu, aż ktoś powie im, że właściciel uciekł, zostawiając za sobą śmierć niewinnych proroków. Być może powiedzą również, że zamierzał zniszczyć bogów sprawujących pieczę nad ziemią i niebem. Historia ta wkrótce dotrze poza granice Izraela i może się pożegnać na zawsze z myślą o małżeństwie z kobietą tak piękną, jak te, które mieszkają w Libanie.

„Są przecież jeszcze statki".

Tak, były statki. Zwykło się przyjmować na ich pokład przestępców, jeńców wojennych, zbiegów, gdyż praca na nich była niebezpieczniejsza od wojaczki. Na wojnie żołnierz zawsze miał szansę ocalić życie, ale morza były tajemnicze, pełne potworów i, gdy dochodziło do tragedii, nie pozostawał nikt, kto mógłby o niej opowiedzieć.

Tak, były statki, ale nadzorowane przez fenickich kupców. Eliasz nie był przestępcą, jeńcem ani zbiegiem, lecz kimś, kto poważył się wystąpić przeciwko Baalowi. Gdy tylko to wyjdzie na jaw, zabiją go i wrzucą do morza, bo żeglarze wierzą głęboko, że Baal i jego bogowie są władcami burz.

Nie mógł więc iść w stronę oceanu. Nie mógł iść na północ, bo tam leżał Liban. Nie mógł iść na wschód, gdzie plemiona izraelskie prowadziły wojnę trwającą już od dwóch pokoleń.

Przypomniał sobie spokój, jaki czuł, stojąc przed żołnierzem. Czymże w końcu jest śmierć? Tylko chwilą i niczym więcej. Nawet jeśli wiązała się z bólem, to ból minąłby szybko, a on spocząłby na łonie Pana.

Położył się na ziemi i długo patrzył w niebo. Tak jak lewita, usiłował założyć się z samym sobą.

Nie tyle o istnienie Boga – co do tego nie miał wątpliwości – ile o sens własnego życia.

Patrzył na góry, na ziemię, którą – jak mu objawił anioł Pana – już wkrótce nękać będzie długotrwała susza, a która jeszcze zachowała świeżość wielu lat obfitych deszczy. Patrzył na potok Kerit, którego wody już wkrótce się wyczerpią. Pożegnał się ze światem żarliwie i z szacunkiem. Poprosił Pana, by przyjął go, gdy nadejdzie jego godzina.

Zapytał siebie o sens swego istnienia, ale nie umiał sobie odpowiedzieć. Zastanowił się, dokąd ma iść i stwierdził, że jest osaczony. Jutro wróci i podda się, choć strach przed śmiercią powrócił.

Postanowił cieszyć się tym, że zostało mu jeszcze kilka godzin życia. Na próżno. Tak właśnie odkrył, że człowiek rzadko wie, co ma robić.

Gdy się zbudził następnego dnia znów popatrzył na Kerit.

Jutro lub za rok zostanie po nim jedynie piaszczyste koryto i wygładzone kamienie. Starzy mieszkańcy wciąż będą nazywać to miejsce Kerit i wskazując drogę wędrowcom prawdopodobnie będą mówili: „takie a takie osiedle znajduje się na brzegu rzeki, która tu blisko płynie". Podróżni, widząc obtoczone kamienie i drobny piasek, pomyślą sobie: „tu płynęła kiedyś rzeka". Ale gaszącej pragnienie wody w potoku już nie będzie.

Jak strumienie i rośliny, dusze także potrzebują deszczu, ale deszczu innego rodzaju: nadziei, wiary, sensu istnienia. Gdy tego brak, wszystko w duszy umiera, choć ciało nadal funkcjonuje. Można wtedy powiedzieć: „W tym ciele żył kiedyś człowiek".

Nie był to czas na takie myśli. Znów przypomniał sobie rozmowę z lewitą tuż przed wyjściem ze stajni. Na cóż umierać tyloma śmierciami, skoro wystarczy jedną? Pozostawało mu czekać na straże Jezabel. Bez wątpienia nadejdą, gdyż istnieje niewiele dróg ucieczki z Galaadu. Złoczyńcy zawsze kierowali się na pustynię, gdzie po kilku dniach znajdowano ich ciała, albo nad potok Kerit, gdzie ich chwytano. Zatem straże będą tu lada moment, a on ucieszy się na ich widok.

Napił się trochę krystalicznej wody, obmył twarz i rozejrzał za cienistym miejscem, w którym mógłby czekać na swych prześladowców. Człowiek nie może walczyć ze swym przeznaczeniem. On próbował i poniósł klęskę.

Choć kapłani dostrzegli w nim proroka, postanowił zająć się ciesiołką, ale Pan sprowadził go z powrotem na jego drogę.

Nie był jedynym człowiekiem, który starał się porzucić życie przypisane każdemu na ziemi przez Boga. Przypomniał sobie swego przyjaciela obdarzonego wspaniałym głosem, którego rodzice nie chcieli zgodzić się na to, by został pieśniarzem – bo taka profesja przyniosłaby wstyd rodzinie. Jedna z jego przyjaciółek z dzieciństwa przepięknie tańczyła, ale rodzina zabroniła jej tańca z obawy, że mogła zostać wezwana przez władcę, a nikt nie wiedział jak długo potrwają jego rządy. Poza tym powszechnie uważano, że atmosfera w pałacu była pełna grzechu i zawiści i bezpowrotnie oddalała szansę na dobre zamążpójście.

„Człowiek narodził się, by zdradzać swój los". Bóg zapładniał ludzkie serca tylko niemożliwymi marzeniami.

„Dlaczego?"

Być może po to, by zachować tradycję.

To nie była właściwa odpowiedź. „Mieszkańcy Libanu zaszli dalej niż inni tylko dlatego, że odrzucili tradycję dawnych żeglarzy. I gdy wszyscy używali tego samego rodzaju statków, oni postanowili zbudować coś całkiem różnego. Choć wielu z nich straciło życie na morzu, to jednak udoskonalili swą flotę tak, że opanowali światowy handel. Zapłacili za to wysoką cenę, ale było warto".

Być może człowiek zdradza swój los, bo Bóg się od niego oddalił. Kiedy już zasiał w ludzkich sercach marzenia z czasów, w których wszystko było możliwe, sam zwrócił się ku nowym sprawom. Świat zmienił się, życie stało się trudniejsze, lecz Pan nie powrócił więcej, by zmienić ludzkie marzenia.

Bóg był daleko. Ale skoro posyłał swych aniołów, by rozmawiali z prorokami, to być może jest tu jeszcze coś do zrobienia. Jaka więc jest odpowiedź?

„Być może nasi ojcowie popełnili błędy i boją się, że zrobimy to samo. Albo też ich nie popełnili i nie wiedzą, jak nam pomóc wybrnąć kłopotów".

Czuł, że jest blisko rozwiązania.

Strumień płynął tuż obok, kilka kruków krążyło po niebie, rośliny z uporem czepiały się piaszczystej i surowej ziemi. Gdyby słuchały tego, co mówili ich przodkowie, cóż by usłyszały?

„Strumieniu, poszukaj lepszego miejsca, w którym twe czyste wody odbijać będą jasność słońca, w przeciwnym razie pochłonie cię pustynia" – powiedziałby bóg wód, jeśli przypadkiem by istniał. „Kruki, w lasach jest więcej pożywienia, niż pośród skał i piasku" – rzekłby bóg ptaków. „Rośliny, rzucajcie swe nasiona daleko stąd, bo wiele jest na świecie wilgotnej, urodzajnej gleby i urośniecie piękniejsze" – powiedziałby bóg kwiatów.

Ale Kerit, rosnące tu rośliny i latające kruki – jeden z nich przysiadł tuż obok – miały odwagę uczynić to, co inne rzeki, ptaki i kwiaty uznały za niemożliwe.

Eliasz zapatrzył się na kruka.

– Uczę się – odezwał się do ptaka. – Choć to bezużyteczna nauka, bo wiem, że jestem skazany na śmierć.

– Odkryłeś jak wszystko jest proste – zdawał się mówić kruk. – Wystarczy mieć odwagę.

Eliasz zaśmiał się, bo przypisywał swoje słowa krukowi. Była to zabawna gra, której nauczył się od kobiety wypiekającej chleb. Postanowił grać dalej. Zadawał sobie pytania i sam na nie odpowiadał, jakby był prawdziwym mędrcem.

Ale kruk odfrunął. Eliasz wciąż czekał na żołnierzy Jezabel, bo chciał umrzeć tylko raz.

Minął dzień i nic się nie zdarzyło. Czyżby zapomniano, że największy wróg boga Baala wciąż zostaje przy życiu? Dlaczego Jezabel nie posłała po niego, skoro musiała wiedzieć, dokąd się udał?

„Widziałem jej oczy, to mądra kobieta – rzekł sam do siebie. – Gdybym zginął, stałbym się męczennikiem Pana. Jako zbieg, będę zwykłym tchórzem, który nie wierzył w to, co mówi".

Tak, taka była strategia księżniczki.

Zanim zapadła noc, kruk – czyżby ten sam? – powrócił i usiadł na tej samej gałęzi, co rano. Miał w dziobie kawałek mięsa, lecz nierozważnie go upuścił.

Dla Eliasza był to cud. Pobiegł pod drzewo, schwycił kęs i zjadł go. Nie wiedział, co to za mięso i nic go to nie obchodziło: najważniejsze było zaspokoić głód.

Jego gwałtowne ruchy nie wystraszyły kruka. „Ten ptak wie, że umrę tu z głodu – pomyślał Eliasz. – Żywi swoją zdobycz, aby mieć wspanialszą ucztę".

Jezabel również podsyci wiarę w Baala, wykorzystując to, co się będzie mówiło o ucieczce Eliasza. Przez jakiś czas człowiek i ptak patrzyli na siebie. Eliasz przypomniał sobie poranną zabawę.

– Chciałbym porozmawiać z tobą, kruku. Dziś rano pomyślałem, że dusze potrzebują pożywienia. Jeśli moja dusza nie umarła z głodu, to ma jeszcze coś do powiedzenia.

Ptak siedział nieruchomo.

– A jeśli ma coś do powiedzenia, to winienem jej posłuchać, skoro nie mam nikogo, z kim mógłbym porozmawiać – ciągnął Eliasz.

Oczyma wyobraźni przeobraził się w kruka.

– Czego Bóg oczekuje od ciebie? – zapytał sam siebie, jakby był krukiem.

– Chce, abym był prorokiem.

– Tak mówili kapłani. Ale może nie tego chce Pan.

– Tak, tego właśnie chce. Przecież anioł zjawił się u mnie i prosił, abym poszedł do Achaba. W dzieciństwie słyszałem głosy, które...

– Głosy w dzieciństwie słyszą wszyscy – przerwał kruk.

– Ale nie wszyscy widzą anioła – odparł Eliasz.

Tym razem kruk nic nie odpowiedział. W końcu ptak – albo raczej dusza Eliasza majacząca pod wpływem słońca i samotności na pustyni – przerwał milczenie.

– Pamiętasz tamtą kobietę, która piekła chleb? – zapytał sam siebie.

Pamiętał. Przyszła któregoś dnia zamówić tace. Wyznała mu, że w tym, co sama robi, odkrywa obecność Boga.

– Gdy tak patrzę na ciebie przy pracy, widzę że czujesz to samo. Uśmiechasz się, gdy pracujesz.

Kobieta dzieliła ludzi na dwie grupy: na tych, którzy radowali się pracą i na tych, którzy na nią narzekali. Ci drudzy twierdzili, że przekleństwo rzucone przez Boga na Adama: *przeklęta niech będzie ziemia z twego powodu: w trudzie będziesz zdobywał od niej pożywienie dla siebie po wszystkie dni twego życia* – było jedyną prawdą. Nie potrafili cieszyć się pracą i byli znużeni w dni święte, gdy musieli wypoczywać. Zasłaniali się słowami Boga, by usprawiedliwić swój bezużyteczny żywot i zapominali, że rzekł On również do Mojżesza: *Pan pobłogosławi ci w ziemi, którą Pan, Bóg twój, daje ci w posiadanie.*

„Tak, pamiętam tamtą kobietę – odpowiedział Eliasz krukowi. – Miała rację, lubiłem moje rzemiosło". Każdy stół, który zbijał, każde krzesło, które ciosał, pozwalało mu rozumieć i kochać życie, choć dopiero teraz pojął to w pełni. „Wyjaśniła mi, że jeśli będę rozmawiał z przedmiotami, które robię, to zadziwi mnie odkrycie, iż odpowiedzą mi, bowiem ofiarując im to, co we mnie najlepsze, w zamian otrzymam mądrość".

– Gdybyś nie był cieślą, nie umiałbyś wyobrazić sobie swej duszy żyjącej poza twym ciałem, ani udać, że jesteś mówiącym krukiem, ani zrozumieć, że jesteś lepszy i mądrzejszy niż myślisz – usłyszał odpowiedź. – To w warsztacie odkryłeś, że boskość jest wszędzie.

– Zawsze lubiłem gawędzić na niby ze stołami i krzesłami, które ciosałem. Dlaczego mi to nie wystarczało? Bo kobieta miała rację. Podczas tych rozmów odkrywałem myśli, które nigdy wcześniej nie przychodziły mi do głowy. A gdy zacząłem pojmować, że mogę w ten sposób służyć Bogu, zjawił się anioł i... A zresztą znasz koniec tej historii.

– Anioł zjawił się, bo byłeś gotów – odpowiedział kruk.

– Przecież byłem dobrym cieślą.

– To była zaledwie część twej nauki. Gdy człowiek zmierza ku swemu przeznaczeniu, często musi zmienić kierunek. Niekiedy zewnętrzne okoliczności są silniejsze i jest zmuszony stchórzyć, poddać się. Wszystko to jest częścią nauki.

Eliasz słuchał z uwagą tego, co mówiła jego dusza.

– Lecz nikt nie może tracić z oczu tego, czego pragnie. Nawet kiedy przychodzą chwile, gdy zdaje się, że świat i inni są silniejsi. Sekret tkwi w tym, by się nie poddać.

– Nigdy nie myślałem, że będę prorokiem – powiedział Eliasz.

– Myślałeś, ale byłeś przekonany, że to niemożliwe. Albo niebezpieczne. Albo nie do pomyślenia.

Eliasz podniósł się.

– Dlaczego mówię sobie rzeczy, których nie chcę słuchać? – wykrzyknął.

Ptak spłoszony nagłym ruchem zerwał się do lotu.

Kruk powrócił następnego ranka. Zamiast z nim rozmawiać, Eliasz zaczął go obserwować, bowiem ptakowi zawsze udawało się zdobyć pożywienie i zawsze przynosił mu jakieś resztki. Zawiązała się między nimi tajemna przyjaźń i Eliasz zaczął uczyć się od ptaka. Obserwując go, zobaczył jak zdobywa coś do jedzenia na pustyni i odkrył, że jest w stanie przeżyć jeszcze kilka dni, jeśli będzie robił to samo, co on. Gdy kruk zaczynał krążyć, Eliasz wiedział, że ofiara jest blisko, biegł w jej stronę i starał się ją schwytać. Na początku wiele drobnych zwierząt umykało mu, ale z czasem zdobył wprawę i zręczność w chwytaniu ich. Gałęzie służyły mu za włócznie, kopał zasadzki i przesłaniał je cienką warstwą chrustu i piasku. Gdy ofiara wpadała w pułapkę, Eliasz dzielił się nią z krukiem, zostawiając resztki na przynętę.

Jednak samotność doskwierała mu tak mocno, że postanowił znów porozmawiać z ptakiem.

– Kim jesteś? – zapytał kruk.

– Jestem człowiekiem, który odnalazł spokój – odparł Eliasz – Mogę żyć na pustyni, troszczyć się sam o siebie i kontemplować nieskończone piękno Boskiego stworzenia. Odkryłem, że moja dusza jest lepsza, niż sądziłem.

Polowali obaj przez kolejny księżycowy miesiąc. Jednak pewnej nocy, gdy jego duszą zawładnął smutek, Eliasz zdecydował zapytać siebie znowu:

– Kim jesteś?

– Nie wiem.

Jeszcze raz księżyc umarł i narodził się na nowo na niebie. Eliasz czuł, że jego ciało stało się silniejsze, a umysł jaśniejszy. Tej nocy zwrócił się do kruka, który siedział na tej samej co zwykle gałęzi, i odpowiedział na pytanie, które zadawał sobie wcześniej:

– Jestem prorokiem. Widziałem anioła i nie mogę wątpić w swe możliwości, choćby wszyscy na świecie twierdzili co innego. Wywołałem rzeź w mym kraju, bo rzuciłem wyzwanie wybrance mego króla. Jestem teraz na pustyni – kiedyś byłem w warsztacie stolarskim – bo moja dusza powiedziała mi, że człowiek musi przejść przez różne etapy, zanim wypełni swe przeznaczenie.

– Tak, teraz wiesz, kim jesteś – odrzekł kruk.

Tej nocy, gdy Eliasz wrócił z polowania, zapragnął napić się wody, ale zobaczył, że Kerit wysechł. Był jednak tak zmęczony, że usnął od razu.

We śnie zjawił mu się anioł stróż, którego dawno już nie widział i powiedział mu:

– Anioł Pański przemówił do twej duszy. I nakazał ci: *„Odejdź stąd i udaj się na wschód, aby ukryć się przy potoku Kerit, który jest na wschód od Jordanu. Wodę będziesz pił z potoku, krukom zaś kazałem, żeby cię tam żywiły”.*

– Moja dusza usłuchała – odparł Eliasz we śnie.

– Zbudź się więc, gdyż anioł Pański nakazuje mi, bym odszedł, bo chce mówić z tobą.

Eliasz zerwał się przerażony. Cóż się stało?

Choć była noc, wszystko napełniło się światłem i zjawił się anioł Pański.

– Cóż cię tu sprowadziło? – spytał anioł.

– Tyś mnie tu sprowadził.

– Nie, Jezabel i jej żołnierze sprawili, żeś uciekł. Nigdy o tym nie zapominaj, bo twą misją jest pomścić twojego Pana Boga.

– Jestem prorokiem, skoro stoisz przede mną

i słyszę Twój głos – odparł Eliasz. – Wiele razy zmieniałem kierunek, bo wszyscy tak czynią. Lecz jestem gotów iść do Samarii, by zniszczyć Jezabel.

– Odnalazłeś swą drogę, ale nie możesz zacząć niszczyć, zanim nie nauczysz się odbudowywać. Nakazuję ci: *„Wstań! Idź do Sarepty koło Sydonu i tam będziesz mógł zamieszkać, albowiem kazałem tam pewnej wdowie, aby cię żywiła"*.

Następnego ranka Eliasz szukał kruka, aby się z nim pożegnać. Po raz pierwszy, od czasu gdy przybył nad potok Kerit, ptak się nie pojawił.

Eliasz wędrował przez kilka dni, nim dotarł do doliny, gdzie leżało miasto Sarepta, przez jego mieszkańców nazywane: Akbar. Gdy był już u kresu sił zobaczył jakąś kobietę ubraną na czarno: zbierała drwa na opał. Roślinność w dolinie była skąpa, musiała zadowolić się małymi suchymi gałązkami.

– Kim jesteś? – zapytał.

Kobieta patrzyła na obcego, nie rozumiejąc jego słów.

– Przynieś mi, proszę, wody w naczyniu, bo chce mi się pić – rzekł do niej Eliasz. – Przynieś mi też trochę chleba.

Kobieta odłożyła chrust, ale nadal nic nie mówiła.

– Nie lękaj się. Jestem sam, głodny i spragniony i nie mam sił, by komuś zagrażać.

– Nie jesteś stąd – odpowiedziała mu w końcu.

– Sądząc po twojej mowie, przybywasz zapewne

z królestwa Izrael. Gdybyś znał mnie lepiej, wiedziałbyś, że nic nie mam.

– Jesteś wdową, tak mi rzekł Pan. Ja mam jeszcze mniej niż ty. Jeśli nie dasz mi jeść i pić, umrę.

Kobieta przestraszyła się. Skąd ten cudzoziemiec mógł wiedzieć coś o jej życiu?

– Mężczyzna proszący kobietę o pożywienie powinien się wstydzić – odparła, odzyskując nad sobą panowanie.

– Zrób to, o co proszę – nalegał Eliasz, czując że opuszczają go siły. – Gdy wydobrzeję, będę dla ciebie pracował.

Kobieta zaśmiała się.

– Chwilę temu powiedziałeś prawdę – jestem wdową, która straciła męża na jednym ze statków mego kraju. Nigdy nie widziałam oceanu, ale wiem, że jest jak pustynia – zabija tych, którzy rzucają mu wyzwanie.

I ciągnęła dalej:

– Co do reszty, to się mylisz. Tak jak pewnym jest, że Baal żyje na szczycie Piątej Góry, tak pewnym jest to, że nie mam niczego do jedzenia. Tylko garść mąki w dzbanie i trochę oliwy w baryłce.

Eliasz poczuł, że horyzont kołysze się i domyślił się, że za chwilę zemdleje. Zbierając resztki sił, poprosił po raz ostatni:

– Nie wiem, czy wierzysz w sny, ani czy ja sam w nie wierzę. Jednak Pan rzekł, że tutaj spotkam ciebie. Nie raz robił coś, przez co wątpiłem w Jego mądrość, ale nigdy w Jego istnienie. Bóg Izraela nakazał mi, abym powiedział kobiecie, którą spotkam w Sarepcie: *„Dzban mąki nie wyczerpie się i baryłka oliwy nie opróżni się aż do dnia, w którym Pan spuści deszcz na ziemię".*

Eliasz stracił przytomność, nie wyjaśniwszy jak taki cud mógłby się wydarzyć. Kobieta patrzyła na mężczyznę leżącego u jej stóp. Wiedziała, że Bóg Izraela to przesąd, że bogowie feniccy są silniejsi i że sprawili, iż ich ludzie stali się jednymi z najbardziej poważanych na świecie. Ale była zadowolona, bo zwykle to ona prosiła innych o jałmużnę, a dziś, po raz pierwszy od dawna, jakiś człowiek potrzebował jej pomocy. Dlatego poczuła się silniejsza. W końcu byli ludzie w trudniejszej sytuacji niż ona.

„Skoro ktoś prosi mnie o pomoc, to znaczy że jestem jeszcze coś warta – pomyślała. Zrobię to, o co prosi, aby ulżyć mu w cierpieniu. I ja poznałam, co to głód i wiem jak pustoszy duszę".

Poszła więc do domu i wróciła z kawałkiem chleba i dzbanem wody. Uklękła, położyła głowę obcego na swych kolanach i zwilżyła mu wargi. Po kilku minutach odzyskał przytomność.

Podała mu chleb. Eliasz jadł go w milczeniu, patrząc na dolinę, wąwozy i góry, które w ciszy wznosiły się ku niebu. W dolinie rysowały się wyraźnie czerwone mury Sarepty.

– Daj mi u siebie schronienie, bo prześladują mnie w mym kraju – rzekł Eliasz.

– Jaką zbrodnię popełniłeś? – zapytała.

– Jestem prorokiem Pana. Jezabel rozkazała zabić wszystkich, którzy nie chcieli czcić fenickich bogów.

– Ile masz lat?

– Dwadzieścia trzy – odpowiedział Eliasz.

Spojrzała ze współczuciem na młodzieńca stojącego przed nią. Miał długie i zmierzwione włosy, nie golił rzadkiej jeszcze brody, jakby chciał wydać się starszym, niż był w istocie. Jak taki biedak mógł mierzyć się z najpotężniejszą na świecie księżniczką?

– Skoro jesteś wrogiem Jezabel, jesteś także i moim. Ona jest tyryjską księżniczką i poślubiając twego króla rozpoczęła misję nawrócenia jego ludu na prawdziwą wiarę. Tak mówią ci, którzy ją znają.

Wskazała na jeden ze szczytów okalających dolinę:

– Nasi bogowie mieszkają na szczycie Piątej Góry od wielu pokoleń i potrafią utrzymać pokój w naszym kraju. Izrael zaś żyje w ciągłej wojnie i cierpieniu. Jak możecie wierzyć w Boga Jedynego? Dajcie czas Jezabel na dokonanie dzieła, a zobaczycie, że i w waszych miastach zapanuje pokój.

– Usłyszałem głos Pana – odpowiedział Eliasz.

– Wy zaś nigdy nie weszliście na szczyt Piątej Góry, aby zobaczyć, co tam jest.

– Kto wejdzie na szczyt tej góry, zginie od ognia niebieskiego. Bogowie nie lubią obcych.

Zamilkła. Przypomniała sobie, że tej nocy śniła jej się światłość, z której dochodził głos mówiący: „Przyjmij cudzoziemca, który cię odnajdzie".

– Daj mi schronienie u siebie, bo nie mam gdzie spać – ponowił prośbę Eliasz.

– Powiedziałam ci już, że jestem biedna. Ledwie starcza dla mnie i dla mojego syna.

– Pan chce, żebyś pozwoliła mi zostać, On nigdy nie opuszcza tych, którzy kochają. Zrób, o co proszę, a będę twoim sługą. Jestem cieślą i umiem obrabiać cedr, nie braknie mi pracy. W ten sposób Pan posłuży się mymi rękoma, by wypełnić Swą obietnicę: *„Dzban mąki nie wyczerpie się i baryłka* *oliwy nie opróżni się aż do dnia, w którym Pan spuści deszcz na ziemię"*.

– Nawet gdybym chciała, nie zdołam ci zapłacić.

– Nie trzeba. Pan zatroszczy się o to.

Kobieta zaniepokojona snem minionej nocy, choć świadoma, że przybysz jest wrogiem sydońskiej księżniczki, usłuchała prośby.

Sąsiedzi wkrótce odkryli obecność Eliasza. Ludzie szeptali, że wdowa przyprowadziła do swego domu obcego, nie bacząc na pamięć swego męża – bohatera, który zginął w poszukiwaniu nowych szlaków handlowych dla swej ojczyzny.

Gdy plotki dotarły do wdowy wytłumaczyła, że przygarnęła człowieka, który umierał z głodu i pragnienia. Wtedy zaczęła szerzyć się wieść, że izraelski prorok skrył się w mieście, uciekając przed Jezabel. Wysłano więc w tej sprawie delegację do kapłana.

– Przyprowadźcie do mnie tego Izraelitę – rozkazał.

Tak też się stało. Jeszcze tego wieczora Eliasz stanął przed człowiekiem, który wraz z namiestnikiem i dowódcą wojsk decydował o wszystkim, co działo się w Akbarze.

– Po co tu przyszedłeś? – zapytał. – Nie pojmujesz, że jesteś naszym wrogiem?

– Przez wiele lat prowadziłem interesy z Libanem, więc szanuję twój lud i jego obyczaje. Przybyłem tu, bo jestem prześladowany w Izraelu.

– Znam powód – odparł kapłan. – Uciekłeś za sprawą pewnej kobiety?

– Ta kobieta jest najpiękniejszą istotą jaką spotkałem w życiu, tak uważam choć widziałem ją zaledwie przez parę chwil. Jednak ma serce z kamienia, choć ma zielone oczy, jest wrogiem, który chce zniszczyć mój kraj. Nie uciekłem, czekam jedynie ma właściwy moment, aby tam powrócić.

Kapłan zaśmiał się.

– W takim razie przygotuj się na spędzenie w Akbarze reszty twego życia. Nie prowadzimy wojny z twoim krajem, pragniemy jedynie pokojowymi metodami rozprzestrzenić na świecie prawdziwą wiarę. Nie chcemy powtarzać okrucieństw, jakich wy się dopuściliście wkraczając do Kanaanu.

– Czy rzeź proroków jest pokojową metodą?

– Zabija się potwora, obcinając mu głowę. Czym jest śmierć kilku ludzi wobec możliwości uniknięcia na zawsze religijnych wojen? Z tego, co donieśli mi kupcy, to prorok imieniem Eliasz rozpętał to wszystko, a potem uciekł.

Kapłan popatrzył bacznie na Eliasza.

– To mężczyzna do ciebie podobny.

– Ja jestem Eliasz.

– Wspaniale. Witaj w Akbarze. Gdy będziemy czegoś potrzebować od Jezabel, zapłacimy twoją głowę – najlepszą monetą jaką mamy. Do tego czasu znajdź sobie zajęcie i postaraj się zapracować na siebie, bo tu nie ma miejsca na proroków.

Eliasz chciał już odejść, gdy kapłan dodał jeszcze:

– Zdaje się, że młoda sydońska dziewczyna sil-

niejsza jest od twego Boga Jedynego. Wzniosła ołtarz Baalowi i wasi dawni kapłani dziś przed nim
klękają.

– Wszystko się wypełni, jak napisał Pan – odparł prorok. – W naszym życiu przychodzą chwile
strapienia i nie można ich uniknąć, bo zdarzają się
nie bez powodu.

– Jakiego powodu?

– Na to pytanie nie umiemy odpowiedzieć ani
przed, ani w chwili, gdy pojawiają się trudności.
Dopiero gdy są już za nami, rozumiemy dlaczego
stanęły na naszej drodze.

Gdy tylko Eliasz wyszedł, kapłan nakazał przywołać delegację, która przyszła do niego tego ranka.

– Niechaj was to nie trapi – rzekł do przybyłych
kapłan. – Tradycja nakazuje nam udzielać schronienia obcym. Poza tym, tutaj jest pod naszą kon-
trolą i możemy śledzić każdy jego krok. Najlepszym sposobem na poznanie i zniszczenie wroga
jest stać się jego przyjacielem. Gdy nadejdzie czas,
oddamy go Jezabel, a nasze miasto dostanie w zamian złoto i inne bogactwa. Do tej pory nauczymy
się, jak unicestwić jego idee, bo na razie potrafimy
jedynie zniszczyć jego ciało.

Choć Eliasz był wyznawcą Boga Jedynego i po-
tencjalnym wrogiem księżniczki, kapłan zarządził,
by respektowano prawo azylu. Wszystkim znana
była odwieczna tradycja: jeśli jakieś miasto odmó-
wi schronienia wędrowcowi, dzieci jego mieszkańców spotka ten sam los. Jako że większość potom-
ków Akbaru pływała na statkach, rozproszona po
różnych zakątkach świata, nikt dotąd nie ośmielił
się złamać prawa gościnności.

Zresztą nic nie tracili, czekając na dzień, kiedy głowa żydowskiego proroka zostanie zamieniona na złoto.

Tej nocy Eliasz zjadł kolację z wdową i jej synem. Izraelski prorok stał się teraz cennym towarem dla przyszłych przetargów, dlatego niektórzy kupcy przysłali dość żywności, żeby cała rodzina mogła jeść przez tydzień do syta.

– Zdaje się, że Bóg Izraela wypełnia Swą obietnicę – rzekła wdowa. – Od czasu śmierci mego męża, ten stół nigdy nie był tak zastawiony jak dziś.

Eliasz powoli włączał się w życie miasta. I tak jak wszyscy mieszkańcy, zaczął nazywać je Akbar. Poznał namiestnika, dowódcę garnizonu, kapłana i mistrzów szklarskich, podziwianych w całej okolicy. Pytany, dlaczego przyszedł do Akbaru, odpowiadał zgodnie z prawdą: bo Jezabel zabija proroków Izraela.

— Jesteś zdrajcą swego narodu i wrogiem Fenicji — mówili mu. — Ale my jesteśmy narodem kupieckim i wiemy, że im bardziej niebezpieczny jest człowiek, tym wyższa jest cena za jego głowę.

I tak mijały miesiące.

U wrót doliny rozłożyły się obozowiskiem asyryjskie patrole i wyglądało na to, że zostaną tu dłużej. Była to mała grupa żołnierzy i nie stanowili żadnego zagrożenia, jednak dowódca zwrócił się do namiestnika o podjęcie środków ostrożności.

– Ci ludzie nie robią nic złego – odparł namiestnik. – Są tu pewnie z misją handlową, szukają lepszego szlaku dla swoich towarów. Jeśli zdecydują się na korzystanie z naszych dróg, zapłacą podatki i jeszcze bardziej się wzbogacimy. Po cóż ich prowokować?

Na domiar złego, bez jakiejkolwiek widocznej przyczyny, zachorował syn wdowy. Sąsiedzi przypisali to obecności obcego w jej domu i kobieta poprosiła, aby Eliasz odszedł. Nie zrobił tego – Pan bowiem jeszcze go nie zawezwał. Zaczęły krążyć pogłoski, że cudzoziemiec sprowadził gniew bogów Piątej Góry.

Namiestnikowi udało się opanować lęk mieszkańców przed asyryjskimi żołnierzami, ale choroba syna wdowy sprawiła, że nie wiedział, jak uspokoić ludzi, których przerażała obecność Eliasza.

Przyszła do niego delegacja mieszkańców:

– Można zbudować temu Izraelicie dom poza murami miasta – powiedzieli. – W ten sposób nie pogwałcimy prawa gościnności i jednocześnie zabezpieczymy się przed boskim gniewem. Bogowie nie są radzi jego obecności.

– Zostawcie go tam, gdzie jest – odpowiedział im. – Nie chcę politycznych waśni z Izraelem.

– Jakże to? – zapytali mieszkańcy. – Przecież Jezabel ściga wszystkich proroków, którzy czczą Boga Jedynego i pragnie ich zgładzić.

– Nasza księżniczka jest dzielną kobietą, wierną bogom Piątej Góry. Jednak mimo całej swojej dzisiejszej władzy, nie jest Izraelitką. Jutro może popaść w niełaskę i będziemy musieli zmierzyć się z gniewem naszych sąsiadów. Natomiast jeśli pokażemy, że traktowaliśmy godziwie jednego z ich proroków, będą dla nas pobłażliwi.

Mieszkańcy odeszli niezadowoleni, bo przecież kapłan przyrzekł im, że pewnego dnia wymienią Eliasza na złoto. Ale nawet jeśli namiestnik mylił się, nic nie mogli zrobić, bo wedle tradycji rodzinie rządzącej należał się szacunek.

Tymczasem u wylotu doliny liczba asyryjskich namiotów stale rosła.

Niepokoiło to dowódcę, ale nie znajdował zrozumienia ani u kapłana, ani u namiestnika. Nieustannie ćwiczył swoich żołnierzy, bo wiedział, że żaden z nich – podobnie jak ich przodkowie – nie znal się na wojaczce. Walki należały do przeszłości Akbaru, techniki które znał, dawno zostały – przez wyposażonych w ulepszoną broń żołnierzy z innych krajów – uznane za przestarzałe.

– Akbar zawsze prowadził rokowania pokojowe – mawiał namiestnik. – I tym razem nic nam nie grozi. Niech inni walczą między sobą: my mamy broń o wiele silniejszą – pieniądz. Gdy oni wyniszczą się nawzajem, wkroczymy do ich miast i sprzedamy nasze towary.

Namiestnikowi udało się uspokoić ludność w kwestii Asyryjczyków, lecz ciągle krążyły pogłoski, że Izraelita sprowadził na Akbar przekleństwo bogów. Sprawa Eliasza stawała się coraz gorętszym problemem.

Pewnego wieczora stan chłopca znacznie się pogorszył, nie mógł już stać o własnych siłach i nie rozpoznawał osób, które przychodziły go odwiedzić. Zanim słońce skryło się za horyzontem, Eliasz i wdowa uklękli przy posłaniu dziecka.

– Panie Wszechmocny, który odwróciłeś bieg strzały i przywiodłeś mnie tutaj, ocal to dziecko. Ono nie uczyniło nic złego, wolne jest od mych grzechów i od grzechów swych ojców. Ocal je, Panie.

Chłopiec prawie się nie ruszał, usta miał sine, a jego oczy straciły blask.

– Pomódl się do twego Jedynego Boga – błagała kobieta. – Tylko matka wie, kiedy dusza jej dziecka odchodzi.

Eliasz chciał wziąć ją za rękę, powiedzieć jej, że nie jest sama, i że Bóg Wszechmocny powinien wysłuchać jego błagania. Był przecież prorokiem, przyjął tę misję u brzegów potoku Kerit, a teraz aniołowie stali u jego boku.

– Brak mi łez. Jeśli Twój Bóg nie ma litości i pragnie czyjejś ofiary, poproś, by zabrał mnie, a memu synowi pozwolił dalej przechadzać się doliną i ulicami Akbaru.

Eliasz starał się skupić na modlitwie, lecz rozpacz matki była tak wielka, że zdawała się wypełniać całą izbę, przenikać ściany i drzwi – wszystko.

Dotknął ciała chłopca. Gorączka spadła: był to zły znak.

Tego ranka kapłan odwiedził chłopca i, tak jak przez ostatnie dwa tygodnie, przyłożył mu okłady z ziół na czoło i piersi. Od paru dni akbarskie kobiety przynosiły lekarstwa, których skład przekazywany był z pokolenia na pokolenie i których uzdrowicielska moc sprawdziła się przy wielu okazjach. Co wieczór zbierały się u stóp Piątej Góry i składały błagalne ofiary, by dusza chłopca nie opuszczała ciała.

Pewien egipski kupiec, przebywający przejazdem w mieście, poruszony wydarzeniami w Akbarze, ofiarował niezwykle drogi czerwony proszek, który miał być dodawany do jedzenia chłopca. Legenda głosiła, że sami bogowie przekazali egipskim lekarzom tajemnicę jego wytwarzania.

Eliasz przez cały ten czas modlił się bez przerwy.

Ale nie zdarzyło się nic, absolutnie nic – nie było żadnej poprawy.

– Wiem dlaczego pozwolono ci tu zostać – wyszeptała kobieta. Nie spała już od kilku dni. – Twoja głowa ma być towarem przetargowym i pewnego dnia wymienią ją w Izraelu na złoto. Jeśli ocalisz mego syna, przysięgam na Baala i bogów Piątej Góry, że nie uda im się ciebie schwytać. Znam drogi, dziś już zapomniane, i pokażę ci, jak potajemnie wydostać się z Akbaru.

Eliasz nic nie odpowiedział.

– Pomódl się do twego Boga Jedynego – poprosiła znowu. – Przysięgam, jeśli ocali mego syna, odstąpię od Baala i uwierzę w Niego. Powiedz twemu Panu, że udzieliłam ci schronienia, gdyś był w potrzebie, że zrobiłam dokładnie tak, jak On nakazał.

Eliasz znów zaczął się modlić i błagać z całych sił. Wtedy właśnie chłopiec poruszył się.

– Chcę stąd wyjść – odezwał się słabym głosem.
Oczy matki zabłysły z radości i wypełniły się
łzami.
– Chodź mój synku. Pójdziemy, dokąd tylko
chcesz. Będziesz robił to, na co ci przyjdzie ochota.
Eliasz uczynił gest, jakby chciał go podtrzymać,
ale chłopiec odsunął jego rękę.
– Chcę wyjść sam – powiedział.
Podniósł się i powoli zaczął iść w stronę głównej
izby. Po kilku krokach upadł na ziemię niczym rażony piorunem.
Eliasz i wdowa podbiegli do niego – chłopiec
nie żył.
Przez chwilę żadne z nich nie wypowiedziało ani
słowa. Nagle kobieta zaczęła krzyczeć z całych sił.
– Niech będą przeklęci bogowie, niech będą
przeklęci ci, którzy zabrali duszę mego dziecka!

Niech będzie przeklęty mężczyzna, który sprowadził nieszczęście na mój dom! Mój jedyny syn! Na
cóż posłuchałam woli niebios, czemu byłam wiel-
koduszna dla cudzoziemca? Mój syn umarł!
Sąsiedzi usłyszeli lament wdowy i zobaczyli ciało jej syna leżące na ziemi. Kobieta wciąż krzyczała i biła pięściami stojącego nieruchomo u jej boku
Eliasza. Nie był zdolny do jakiejkolwiek reakcji i
nie bronił się. Podczas gdy kobiety starały się uspokoić wdowę, mężczyźni chwycili go za ramiona
i zawlekli do namiestnika.
– Ten człowiek odpłacił nienawiścią za szlachetność. Rzucił urok na dom wdowy i jej syn umarł.
Daliśmy schronienie przeklętemu przez bogów.
Izraelita łkał cicho: „Panie, Boże mój, nawet tę
wdowę, która była mi życzliwa, zechciałeś zasmu-

cić? Zabiłeś jej syna, bo nie wypełniam powierzonej mi misji i zasługuję na śmierć.

Tego wieczora pod przywództwem kapłana i namiestnika zebrała się rada Akbaru. Eliasza postawiono pod sąd.

– Odpłaciłeś za miłość nienawiścią, dlatego skazuję cię na śmierć – powiedział namiestnik.

– Choćby twoja głowa warta była worek złota, nie możemy budzić gniewu bogów Piątej Góry – odezwał się kapłan. – Inaczej nawet całe złoto tego świata nie przywróci temu miastu pokoju.

Eliasz pochylił głowę. Zasłużył na cierpienie tak wielkie, jakie tylko zdoła unieść, bo Pan go opuścił.

– Pójdziesz na szczyt Piątej Góry – odezwał się kapłan. – Poprosisz obrażonych bogów o przebaczenie. Oni spuszczą na ciebie ogień niebieski, który cię pochłonie. Jeśli tego nie uczynią, znaczyć to będzie, iż pragną, by nasze ręce wymierzyły ci sprawiedliwość. My czekać będziemy u stóp góry i wykonamy wyrok, tak jak każe rytuał.

Eliaszowi dobrze były znane święte egzekucje: podczas nich wyrywano serce z piersi i odcinano głowę. W myśl wierzeń, człowiek bez serca nie mógł wejść do raju.

– Czemuż mnie wybrałeś, Panie? – wołał, świadom, że ludzie wokół nie wiedzą, o jaki wybór chodzi. – Nie widzisz, że nie potrafię spełnić tego, czego żądasz?

Nie usłyszał odpowiedzi.

Długi korowód mężczyzn i kobiet Akbaru ruszył w ślad za strażnikami prowadzącymi Izraelitę do podnóża Piątej Góry. Ludzie lżyli go i obrzucali kamieniami. Żołnierze z trudem panowali nad rozszalałym tłumem. Po półgodzinnej wędrówce dotarli do świętej góry.

Tłum zatrzymał się przed kamiennymi ołtarzami, gdzie zwykle składano ofiary i prośby, i gdzie wznoszono modły. Wszyscy znali legendę o olbrzymach, którzy tu zamieszkiwali, czy opowieści o innych śmiałkach, strawionych przez ogień niebieski, bo złamali zakazy. Wędrowcy przechodzący nocą przez dolinę zaklinali się, że słyszeli śmiechy bogów i bogiń zabawiających się na szczycie. Nawet jeśli nie wierzyli w to wszystko, nikt nie ważył się naruszyć zakazów.

– Chodźmy – krzyknął żołnierz, poszturchując Eliasza końcem włóczni. – Dzieciobójca zasługuje na najsroższą karę.

Eliasz dotknął stopą zakazanej ziemi i rozpoczął wspinaczkę. Po jakimś czasie, gdy nie dochodziły go już krzyki mieszkańców Akbaru, usiadł na kamieniu i zapłakał. Od tego popołudnia w warsztacie, gdy zobaczył ciemność rozświetloną połyskującymi punktami, sprowadzał jedynie nieszczęście na innych. Pan stracił w Izraelu swoich rzeczników i kult bogów fenickich rozprzestrzenił się. Pierwszej nocy nad potokiem Kerit Eliasz sądził, że Bóg wybrał go na męczennika, tak jak to uczynił z wieloma innymi.

Zamiast tego Pan wysłał kruka – ptaka złowróżbnego, który żywił go, aż do wyschnięcia potoku. Dlaczego kruka, a nie gołębia czy anioła? Czyżby to wszystko było majakiem kogoś, kto pragnie ukryć swój strach, albo zbyt długo przebywał na słońcu? Eliasz nie był już pewien niczego – być może stał się narzędziem Zła? Dlaczego, zamiast nakazać mu powrócić i pozbyć się księżniczki, która tak skrzywdziła jego lud, Bóg posłał go do Akbaru? Czuł się jak tchórz, lecz posłuchał rozkazu. Trudno mu było przywyknąć do tych obcych, przyjaznych ludzi, o całkiem odmiennej kulturze. Gdy już mu się zdawało, że wypełnił zadanie, syn wdowy umarł.

– Dlaczego? – pytał sam siebie.

Podniósł się, poszedł dalej, aż otoczyła go mgła, spowijająca szczyt góry. Mógł wykorzystać to, że nie jest widziany i uciec przed prześladowcami, ale po co? Był już zmęczony ucieczką, wiedział, że nigdzie na ziemi nie znajdzie dla siebie miejsca. Nawet gdyby teraz zdołał zbiec, przekleństwo wiszące nad nim towarzyszyłoby mu w innym mieście i też wydarzyłyby się tragedie. Poniósłby ze sobą, gdziekolwiek by poszedł, cienie wszystkich zmarłych. To już lepiej będzie, jak wyrwą mu serce i odetną mu głowę.

Znów usiadł. Postanowił tak długo siedzieć, aż ci, którzy zostali w dole, pomyślą, że dotarł na sam szczyt. Potem wróci do Akbaru i odda się w ręce swym katom.

„Ogień niebieski". Wielu ludzi pochłonął, choć Eliasz wątpił w jego boskie pochodzenie. W bezksiężycowe noce rozbłyskiwał na firmamencie, zjawiając się i znikając równie nagle. Być może spalał, być może zabijał natychmiast, nie zadając cierpienia.

Zapadła noc i mgła rozwiała się. Mógł dojrzeć dolinę, światła Akbaru i ogniska w asyryjskim obozie. Słyszał szczekanie psów i wojenne śpiewy żołnierzy.

„Jestem gotów – rzekł sam do siebie. – Uznałem, że jestem prorokiem i robiłem, co było w mojej mocy. Ale poniosłem klęskę i teraz Bóg potrzebuje kogoś innego".

Nagle jasność spłynęła na niego.

„Ogień niebieski! " – pomyślał.

Ale jasność trwała nadal i dał się słyszeć głos:

– Jestem aniołem Pana.

Eliasz ukląkł i twarzą przywarł do ziemi.

– Widziałem Cię już i byłem posłuszny Twym nakazom – odparł Eliasz, nie podnosząc głowy. – Ale czyniąc to, siałem nieszczęście wszędzie, gdzie się pojawiłem.

Lecz anioł mówił dalej:

– Udasz się z powrotem do miasta i po trzykroć błagać będziesz, by chłopiec wrócił do życia. Za trzecim razem Pan cię wysłucha.

– Po cóż miałbym tak uczynić?

– Dla Boskiej chwały.

– Cokolwiek się stanie i tak wątpię już w siebie. Nie jestem godny mego powołania – odparł Eliasz.

– Każdy człowiek ma prawo wątpić w swoje powołanie i czasem zbłądzić. Nie wolno mu tylko o nim zapomnieć. Kto nie wątpi w siebie, jest niegodzien, bo ślepo wierzy w swą moc i popełnia grzech pychy. Błogosławiony niech będzie ten, kto doświadcza chwil zwątpienia.

– Sam widziałeś, że ledwie przed chwilą nie byłem pewien, czy jesteś wysłannikiem Boga.

– Idź i zrób to, co ci kazałem.

Wiele czasu upłynęło nim Eliasz zszedł z góry. Strażnicy czekali na niego przy ołtarzach ofiarnych, ale tłum już wrócił do Akbaru.

– Jestem gotów na śmierć – powiedział im. – Błagałem bogów Piątej Góry o wybaczenie. Teraz oni nakazują mi abym, zanim dusza opuści moje ciało, udał się do domu wdowy, która mnie przyjęła, by prosić ją o litość.

Strażnicy zaprowadzili go z powrotem do kapłana i przekazali mu prośbę Izraelity.

– Uczynię zadość twej prośbie – zwrócił się kapłan do więźnia. – Skoro prosiłeś bogów o wybaczenie, winieneś to samo wdowie. Żebyś nie uciekł, towarzyszyć ci będzie czterech uzbrojonych żołnierzy. Zostaniesz stracony na placu o świcie.

Był ciekaw, co Eliasz widział na górze. Jednak wolał o nic nie pytać przy żołnierzach, bo odpowiedź mogłaby go wprawić w zakłopotanie. Zaś pomysł publicznej prośby o przebaczenie wydał mu się dobry – nikt już nie ośmieli się wątpić w moc bogów Piątej Góry.

Eliasz i żołnierze dotarli do nędznej uliczki, przy której mieszkał przez ostatnie miesiące. W domu wdowy okna i drzwi były otwarte na oścież, aby – w myśl zwyczaju – dusza syna mogła ulecieć do bogów. Przy ciele umarłego, złożonym pośrodku niewielkiej izby, czuwali sąsiedzi.

Pojawienie się Izraelity wywołało wzburzenie.

– Zabierzcie go stąd! – krzyczeli do strażników.

– Czyż nie dość już zła, jakie wyrządził? Ten człowiek jest tak występny, że nawet bogowie Piątej Góry nie chcieli plamić swych rąk jego krwią!

– Pozwólcie nam go zabić! – krzyczał ktoś inny.

– I to zaraz, nie będziemy czekać na rytualną egzekucję!

Wystawiając się na ciosy, obelgi i poszturchiwania Eliasz przedostał się do wdowy, która szlochała w kącie.

– Mogę wskrzesić twego syna. Pozwól mi położyć na nim ręce – prosił. – Choć przez chwilę.

Kobieta nie podniosła głowy.

– Proszę, nawet jeśli będzie to ostatnia rzecz, którą zrobisz dla mnie w życiu, daj mi szansę, bym mógł odpłacić ci za twoją wielkoduszność.

Kilku mężczyzn schwyciło Eliasza, by go od niej odciągnąć, ale on wyrywał się i walcząc z całych sił błagał, żeby pozwolono mu dotknąć zmarłego dziecka.

Mimo iż był młody i silny, nie zdołał się oprzeć tłumowi i wyrzucono go za próg. – Aniele Pański, gdzie jesteś? – krzyczał w stronę nieba.

Wszyscy zamarli, bo wdowa podniosła się i zbliżyła do Eliasza. Wzięła go za ręce i zaprowadziła do ciała zmarłego syna. Ściągnęła zakrywające go prześcieradło.

– Oto krew z krwi mojej – powiedziała. – Niech spadnie na głowy twych najbliższych, jeśli nie uda ci się spełnić obietnicy.

Izraelita podszedł do chłopca.

– Zaczekaj – powstrzymała go. – Poproś najpierw swego Boga, aby wypełniło się moje przekleństwo.

Serce Eliasza szamotało się, lecz wierzył w to, co powiedział mu anioł.

– Niechaj krew tego chłopca spadnie na mych ojców i braci, na ich synów i córki, jeśli nie stanie się to, co zapowiedziałem.

Pełen zwątpienia, świadomy wszystkich swych win i pełen obaw,

65

wziął go z jej łona, zaniósł go do górnej izby, gdzie sam mieszkał, i położył go na swoim łóżku. Potem wzywając Pana, rzekł: „O Panie, Boże mój! Czy nawet na wdowę, u której zamieszkałem, sprowadzasz nieszczęście, dopuszczając śmierć jej syna?". Później trzykrotnie rozciągnął się nad dzieckiem i znów wzywając Pana rzekł: „O Panie, Boże mój! Błagam cię, niech dusza tego dziecka wróci do niego!"

Przez kilka chwil nic się nie działo. Eliasz znów zobaczył siebie w Galaadzie naprzeciw łucznika mierzącego w jego serce. Wiedział, że przeznaczenie człowieka często nie ma nic wspólnego z tym, w co się wierzy lub czego się obawia, więc czuł spokój i ufność, jak tamtego popołudnia, bo wiedział i to, że wszystko, co się zdarza, ma swój sens. Na szczycie Piątej Góry anioł nazwał ten sens „chwałą Boga". Wierzył, że nadejdzie dzień, gdy zrozumie, czemu Stwórca potrzebuje Swych stworzeń, by objawiać tę chwałę.

Wtedy chłopiec otworzył oczy.

– Gdzie jest moja mama? – zapytał.

– Na dole, czeka na ciebie – odpowiedział uradowany Eliasz.

– Miałem dziwny sen. Podróżowałem w jakiejś czarnej otchłani z prędkością o wiele większą od tej, z jaką biega najszybszy koń wyścigowy w Akbarze. Widziałem mężczyznę i wiem, że był to mój ojciec, choć nigdy go nie znałem. Dotarłem do cudownego miejsca, gdzie bardzo chciałem pozostać, ale jakiś inny mężczyzna – nie znam go, ale był dobry i odważny – poprosił mnie łagodnie, abym wrócił. Chciałem iść dalej, ale obudziłeś mnie.

Chłopiec zdawał się smutny. Miejsce, do którego dotarł, musiało być rzeczywiście bardzo piękne.

– Nie zostawiaj mnie samego, bo to ty zawróciłeś mnie z miejsca, gdzie czułem się bezpieczny.

– Zejdźmy – powiedział Eliasz. – Twoja matka pragnie cię zobaczyć.

Chłopiec próbował wstać, lecz był jeszcze za słaby, aby chodzić o własnych siłach. Eliasz wziął go na ręce.

Na dole, w głównej izbie, wszystkich ogarnęło przerażenie.

– Skąd tu tyle ludzi? – zapytał chłopiec.

Nim Eliasz zdołał odpowiedzieć, kobieta wzięła dziecko w ramiona i zaczęła je, cała we łzach, całować.

– Co ci zrobili, mamo? Dlaczego jesteś smutna?

– Nie jestem smutna, synku – odparła ocierając łzy. – Nigdy dotąd nie byłam tak szczęśliwa.

Padła na kolana i zaczęła wołać:

– Po tym co zrobiłeś, poznaję, że naprawdę jesteś mężem Bożym i słowo Pańskie w twych ustach jest prawdą!

Eliasz objął ją i poprosił, żeby wstała.

– Uwolnijcie tego mężczyznę – zwróciła się do żołnierzy. – On zwyciężył zło, które spadło na mój dom!

Zebrani nie mogli uwierzyć własnym oczom. Pewna młoda, dwudziestoletnia malarka, uklękła u boku wdowy. Inni, jeden po drugim, zaczęli robić to samo, nawet żołnierze, którym nakazano doprowadzić skazańca do więzienia.

– Wstańcie i chwalcie Pana – zwrócił się do nich Eliasz. – Jestem tylko jednym z Jego sług, być może najmniej do tej służby gotowym.

Ale wszyscy nadal klęczeli z pochylonymi głowami.

– Rozmawiałeś z bogami na szczycie Piątej Góry i teraz potrafisz czynić cuda – powiedział ktoś z obecnych.

– Tam nie ma bogów. Widziałem jedynie anioła Stwórcy, który mi nakazał zrobić to wszystko.

– Spotkałeś Baala i jego braci – dodał inny mężczyzna.

Eliasz utorował sobie drogę, odsuwając klęczących, i wyszedł na ulicę. Jego serce wciąż szamotało się w piersiach jak oszalałe, jakby źle wypełnił zadanie, które anioł mu wyznaczył. „Na cóż zda się wskrzesić zmarłego, skoro nikt nie rozumie, skąd pochodzi tak wielka moc?" Anioł rozkazał mu wezwać po trzykroć imienia Pana, ale nie wyrzekł ani słowa o tym, jak wyjaśnić cud zgromadzonym. „Miałożby to być tylko po to, bym jak dawni prorocy, pokazał swą próżność?" – zapytał sam siebie.

Usłyszał głos anioła stróża, którego znał od dziecka.

– Widziałeś dziś anioła Pańskiego.

– Tak – odparł Eliasz. – Lecz aniołowie Pańscy nie rozmawiają z ludźmi, przekazują im jedynie rozkazy od Boga.

– Szukaj mocy w sobie – rzekł anioł stróż.

Eliasz nie pojął tych słów. – Cała moja siła pochodzi od Boga – odparł.

– Nie ma innej. Wszelka moc pochodzi od Pana, lecz nikt z niej nie czerpie.

I anioł dodał jeszcze:

– Odtąd, aż do powrotu do ziemi, którą opuściłeś, nie uczynisz żadnego cudu.

– A kiedy to się stanie?

– Pan cię potrzebuje, by odbudować Izrael – odparł anioł. – Dotkniesz stopą ojczystej ziemi dopiero wtedy, gdy nauczysz się budować na nowo.

I nie rzekł więcej ani słowa.

Część druga

Kapłan zaczął się modlić do wschodzącego słońca i poprosił boga burzy i boginię zwierząt, by mieli litość nad szaleńcami. Ktoś rankiem doniósł mu, że Eliasz zawrócił syna wdowy z królestwa zmarłych.

W mieście zapanowało przerażenie i podniecenie. Wszyscy wierzyli, że Izraelita otrzymał moc od bogów Piątej Góry i trudniej będzie teraz z nim skończyć. „Ale jego godzina nadejdzie", rzekł do siebie kapłan.

Bogowie dadzą mu jeszcze okazję, by zabić tego człowieka. Ich gniew miał inną przyczynę, a obecność Asyryjczyków u wylotu doliny była tylko znakiem. Dlaczego trwający setki lat pokój wisiał teraz na włosku? Kapłan znał odpowiedź: to przez wynalazek z Byblos. W kraju upowszechniał się sposób pisania dostępny wszystkim – nawet tym, którzy nie byli przygotowani do posługiwania się nim. Każdy w krótkim czasie mógł go opanować, a to oznaczało koniec cywilizacji.

Kapłan wiedział, że ze wszystkich rodzajów niszczącej broni jaką wymyślił człowiek, najstraszniejszą i najpotężniejszą było słowo. Sztylety i włócznie zostawiały ślady krwi, strzały można było dostrzec z daleka. Truciznę dawało się wykryć i jej uniknąć.

Ale słowo miało moc niszczenia bez śladu. Jeśli rytualne obrzędy staną się powszechnie znane, wielu ludzi posłuży się nimi, by próbować zmieniać świat i zamęt zapanuje wśród bogów. Dotąd jedynie kasta kapłanów znała pamięć przodków, którą przekazywano z ust do ust, pod przysięgą dochowania tajemnicy. Albo też trzeba było wielu lat wnikliwych studiów, by odczytać znaki, które Egipcjanie rozpowszechnili po całym świecie, dlatego tylko ludzie światli – skrybowie i kapłani – mogli wymieniać między sobą informacje.

Inne cywilizacje miały własne sposoby zapisywania dziejów, lecz były one tak zawiłe, że nikt, poza obszarami gdzie się nimi posługiwano, nie starał się ich zgłębić. Natomiast wynalazek z Byblos rozprzestrzeniał się tak szybko jak ogień i mógł być używany wszędzie, bez względu na język. Nawet Grecy, którzy zwykle odrzucali wszystko to, co nie narodziło się w ich miastach, przyjęli pismo z Byblos jako zwyczajowe w transakcjach handlowych. Znani ze zdolności przywłaszczania sobie wszelkich nowości, już nawet zdążyli ochrzcić wynalazek z Byblos greckim mianem *alfabet*.

Odtąd tajemnicom strzeżonym zazdrośnie przez wieki, groziło wydobycie na światło dzienne.

W porównaniu z tym, świętokradztwo Eliasza, który przywołał kogoś z drugiego brzegu rzeki śmierci, co mieli w zwyczaju czynić Egipcjanie, było bez znaczenia.

„Zbliża się nieunikniona kara, bo nie potrafimy chronić tego, co święte – pomyślał. – Asyryjczycy stoją u bram, przejdą dolinę i położą kres cywilizacji naszych przodków".

I zniszczą pismo. Kapłan wiedział, że obecność wroga nie była przypadkowa.

To cena, którą trzeba było zapłacić. Bogowie tak to obmyślili, by nikomu nie przyszło do głowy, kto się za tym kryje. U steru władzy postawili namiestnika, dla którego ważniejszy był handel niż wojsko, podsycili zachłanność Asyryjczyków, sprowadzili niewiernego, by skłócił miasto, a na domiar złego, zsyłają coraz mniej deszczu. Już wkrótce dojdzie do ostatecznej bitwy. Akbar będzie istnieć nadal, ale groźne litery z Byblos na zawsze znikną.

Kapłan pieczołowicie starł kurz z kamienia. Został on zabrany z miejsca wskazanego wiele pokoleń temu obcemu pielgrzymowi – na założenie miasta. „Jakiż on piękny" – pomyślał. Kamienie były obrazem bogów – twarde, odporne, wychodzące bez uszczerbku z każdej sytuacji, nie musiały tłumaczyć przyczyny swojego istnienia. Wedle tradycji przekazywanej z ust do ust, to właśnie kamień miał wyznaczać środek świata. W dzieciństwie marzył, że kiedyś uda się na jego poszukiwanie. Żył tą myślą aż do tego roku, lecz gdy zobaczył u ujścia doliny Asyryjczyków, pojął że to marzenie nigdy się nie spełni.

„To bez znaczenia. Los chciał, żeby moje pokolenie zostało złożone w ofierze za obrazę bogów. Istnieją w dziejach świata sprawy nieuniknione i musimy się z nimi pogodzić".

Obiecał sobie być posłusznym bogom i nie dążyć do uniknięcia wojny.

„Być może zbliża się koniec świata. Niepodobna ominąć spiętrzających się coraz bardziej przeciwności". Kapłan chwycił laskę i wyszedł z małej świątyni. Pośpieszył na umówione spotkanie z dowódcą akbarskiego garnizonu.

Dochodził już do południowej bramy miasta, gdy zatrzymał go Eliasz.

– Pan mój przywiódł chłopca ze świata zmarłych – odezwał się Izraelita. – Miasto wierzy w moją moc.

– Chłopiec pewnie żył jeszcze – odpowiedział mu kapłan. – Nieraz już się zdarzało, że serce ustawało i znów zaczynało bić. Dziś całe miasto huczy tylko o tym. Jutro ludzie przypomną sobie, że bogowie są blisko i mogą usłyszeć, co oni mówią. Dlatego ich usta znów zamilkną. Muszę iść, bo Asyryjczycy gotują się do walki.

– Posłuchaj, co mam ci do powiedzenia. Wczoraj po tym cudownym wydarzeniu, poszedłem spać poza mury, potrzebowałem spokoju. I tam znów objawił mi się anioł, którego widziałem na szczycie Piątej Góry. Powiedział mi: Wojna zniszczy Akbar.

– Nie można zniszczyć miasta – odparł kapłan.

– Będzie odbudowywane siedemdziesiąt siedem razy, bo bogowie wiedzą, gdzie je umieścili i chcą, żeby tam zostało.

Zbliżył się namiestnik ze świtą i zapytał:

– Co mówisz?

– Szukajcie pokoju – powtórzył Eliasz.

– Jeśli się boisz, wróć tam, skądeś przyszedł – odrzekł sucho kapłan.

– Jezabel i jej król czekają tam na zbiegłych proroków, by ich zgładzić – odezwał się namiestnik. – Ale ciekaw jestem, jak udało ci się wejść na Piątą Górę i dlaczego nie pochłonął cię ogień niebieski?

Kapłan musiał przerwać tę rozmowę. Namiestnik zamierzał układać się z Asyryjczykami i może zechcieć wykorzystać Eliasza do swoich celów.

– Nie słuchaj tego, co powie – odezwał się. – Wczoraj, gdy go przyprowadzono, bym go sądził, widziałem jak płakał ze strachu.

– Płakałem nad złem, którego, jak sądziłem, byłem przyczyną. Boję się jedynie Pana i siebie samego. Nie uciekłem z Izraela i gotów jestem tam wrócić, gdy tylko Pan pozwoli. Zniszczę tę waszą piękną księżniczką a wiara Izraela zwycięży każdą nową przeszkodę.

– Trzeba bardzo twardego serca, aby oparło się urokom Jezabel – drwił sobie kapłan. – Ale gdyby nawet miało być tak jak mówisz, poślemy inną niewiastę, jeszcze piękniejszą, jak to już kiedyś zrobiliśmy.

Mówił prawdę. Przed dwustu laty inna sydońska księżniczka uwiodła najmędrszego ze wszystkich władców Izraela – króla Salomona. Za jej namową wzniósł on ołtarz ku czci bogini Asztarte.

Widząc to bluźnierstwo, Pan sprawił, że powstały wojska sąsiadów, a Salomon został przeklęty.

„To samo czeka Achaba, męża Jezabel – pomyślał Eliasz. – W swoim czasie Pan pozwoli mi wypełnić moje posłannictwo". Wiedział, że na nic zdadzą się próby przekonywania stojących przed nim mężczyzn. Byli tacy sami, jak ludzie, którzy minionej nocy klęczeli w domu wdowy i chwalili bogów Piątej Góry. Tradycja nigdy nie pozwoli im myśleć inaczej.

– Szkoda, że musimy przestrzegać prawa gościnności – rzekł namiestnik, jakby zapomniał, że Eliasz powiedział: „Szukajcie pokoju". – Gdyby nie to, pomoglibyśmy Jezabel pozabijać proroków.

– Nie dlatego mnie oszczędziliście. Wiecie, że jestem cennym towarem, i że Jezabel będzie chciała mieć tę przyjemność, by zabić mnie własnymi rękami. Poza tym od wczoraj lud przypisuje mi moc czynienia cudów. Mieszkańcy Akbaru uważają, że spotkałem bogów na szczycie Piątej Góry. Nie balibyście się obrazić bogów, ale nie chcecie drażnić ludzi.

Namiestnik i kapłan zostawili Eliasza mówiącego do siebie i poszli w stronę murów. Wtedy kapłan postanowił, że zabije izraelskiego proroka przy pierwszej nadarzającej się okazji: ten, który dotychczas był tylko towarem wymiennym, stał się zagrożeniem.

Widząc, że odchodzą, Eliasz zaczął tracić nadzieję. Cóż jeszcze mógł zrobić, aby pomóc Panu? Zaczął krzyczeć na środku placu:

– O, ludu Akbaru. Wczorajszej nocy wspiąłem się na Piątą Górę i rozmawiałem z bogami, którzy tam mieszkają. Kiedy powróciłem, przywiodłem chłopca z królestwa zmarłych!

Ludzie zaczęli zbierać się wokół niego – historię znało już całe miasto. Namiestnik wraz z kapłanem zatrzymali się w pół drogi i zawrócili, by zobaczyć, co się dzieje. Prorok izraelski mówił, że widział bogów Piątej Góry oddających cześć potężniejszemu od nich Bogowi.

– Rozkażę go zgładzić – odezwał się kapłan.

– I lud zwróci się przeciwko nam – zareplikował namiestnik, któremu słowa cudzoziemca były na rękę. – Lepiej poczekajmy, aż popełni jakiś błąd.

– Nim zszedłem z góry, bogowie zobowiązali mnie, abym pomógł namiestnikowi zażegnać wojnę z Asyryjczykami! – mówił Eliasz. – Wiem, że jest on człowiekiem honoru i zechce mnie wysłuchać, ale są też ludzie zainteresowani wojną, którzy nie dopuszczają mnie do niego.

– Izraelita jest świętym mężem – zwrócił się jakiś starzec do namiestnika. – Każdy kto wejdzie na Piątą Górę, musi zginąć rażony ogniem niebieskim, lecz on ocalał, a nawet wskrzesza umarłych.

– Tyr, Sydon i wszystkie inne miasta fenickie żyją w pokoju – odezwał się inny starzec. – Przeżyliśmy już gorsze zagrożenia i zdołaliśmy stawić im czoła.

Kilku chorych i kalekich, przepychając się przez tłum, podeszło do Eliasza. Dotykali jego szat prosząc, by ich uleczył.

– Wylecz chorych, zanim zaczniesz radzić namiestnikowi – odezwał się kapłan. – Wtedy uwierzymy, że bogowie Piątej Góry są z tobą.

Eliasz przypomniał sobie słowa anioła wypowiedziane minionej nocy: dana mu będzie jedynie moc zwykłych śmiertelników.

– Chorzy proszą o pomoc – nalegał kapłan. – Czekamy.

– Zatroszczmy się najpierw o to, jak uniknąć wojny. Chorych i rannych przybędzie, jeśli nam się to nie uda.

Namiestnik przerwał dyskusję.

– Eliasz pójdzie z nami. Spłynęło na niego boskie natchnienie.

Choć namiestnik nie wierzył w istnienie bogów na Piątej Górze, jednak potrzebował sojusznika, by przekonać lud, że pokój z Asyrią jest jedynym wyjściem z sytuacji.

W drodze na spotkanie z dowódcą, kapłan zwrócił się do Eliasza:

– Nie wierzysz w ani jedno słowo, któreś wypowiedział.

– Wierzę, że pokój jest jedynym rozwiązaniem. Ale nie wierzę, że szczyt góry zamieszkują bogowie. Byłem tam.

– I co zobaczyłeś?

– Anioła Pańskiego, którego spotkałem już wcześniej, w różnych miejscach mej wędrówki – odpowiedział mu Eliasz. – A Bóg jest tylko jeden.

Kapłan zaśmiał się.

– Chcesz więc powiedzieć, że wedle twego mniemania, ten sam bóg, który stworzył burzę, stworzył i pszenicę, choć są całkiem do siebie niepodobne?

– Widzisz Piątą Górę? – spytał go Eliasz. – Z każdej strony wygląda inaczej, choć to ta sama góra. Podobnie jest z całym dziełem stworzenia – to niezliczone oblicza tego samego Boga.

Weszli na mury, skąd widać było obozowisko. Na tle piaszczystej doliny rysowały się wyraźnie białe namioty wroga.

Jakiś czas temu, gdy zwiadowcy dostrzegli pierwszych Asyryjczyków u wylotu doliny, szpiedzy potwierdzili, że rozpoznają oni teren. Dowódca poddał myśl, by ich pojmać i sprzedać jako niewolników. Namiestnik jednak wybrał strategię grania na zwłokę. Zakładał, że nawiązawszy z Asyryjczykami dobre stosunki, zdobędzie nowy rynek dla akbarskiego szkła. Jeśli nawet chcieli wojny, to przecież wiedzieli, że małe miasta zawsze stają po stronie zwycięzców. Zatem dla asyryjskich generałów Akbar miał być jedynie etapem, który przejdą bez walki. Ich głównym celem był Tyr i Sydon. To one właśnie strzegły skarbów i mądrości fenickiego narodu.

Patrole rozłożyły się obozem u wylotu doliny, napływały tam coraz to nowe posiłki. Kapłan utrzymywał, że zna powód: w mieście była jedyna, oddalona o kilka dni marszu od pustyni studnia. Jeśli Asyryjczycy zamierzają podbić Tyr czy Sydon, będą potrzebowali wody dla swego wojska. W pierwszym miesiącu Akbarczycy mogli ich przepędzić. Pod koniec drugiego mogli Asyryjczyków bez trudu pokonać lub wynegocjować z nimi honorowy ich odwrót. Pod koniec piątego miesiąca jeszcze mogli zwyciężyć.

„Asyryjczycy wkrótce uderzą, bo dokucza im pragnienie" – myślał namiestnik. Polecił dowódcy opracowanie planu obrony i utrzymywanie w takiej gotowości żołnierzy, by mogli odeprzeć nagły atak. Poza tym, robił wszystko, by utrzymać pokój.

Minęło sześć miesięcy, a wojsko asyryjskie ciągle nie atakowało. Napięcie jakie rosło w mieście w pierwszych tygodniach oblężenia, całkiem opadło. Ludzie powrócili do codzienności: rolnicy zaczęli wychodzić w pole, właściciele winnic zajęli się wyrobem wina, mistrzowie szklarscy wytwarzaniem szkła, kupcy sprzedażą swoich towarów. Wierzyli, że skoro Akbar nie zaatakował przeciwnika, to kryzys zostanie wkrótce zażegnany w drodze rokowań i układów. Wiedzieli, że namiestnik został wybrany przez bogów i zawsze potrafi podjąć najwłaściwszą decyzję.

Kiedy Eliasz pojawił się w mieście, namiestnik kazał rozpuścić plotkę o rzekomym przekleństwie, które sprowadził obcy. W ten sposób, gdyby groźba wojny okazała się poważna, zawsze mógł oskarżyć przybysza o to, że stał się główną przyczyną nieszczęścia. Mieszkańcy Akbaru byliby przekonani, że wraz ze śmiercią Izraelity wszystko powróci na dawne miejsce. Namiestnik wyjaśniłby, że już za późno, by zmusić Asyryjczyków do odwrotu, rozkazałby zabić Eliasza, tłumacząc, że pokój jest najlepszym rozwiązaniem. Sądził, że kupcy, którzy również pragnęli pokoju, przekonają innych co do słuszności tej idei.

Przez wszystkie miesiące opierał się naciskom ze strony kapłana i dowódcy, którzy domagali się natychmiastowego ataku. Jednak bogowie Piątej Góry nie opuścili go. Po cudownym wskrzeszeniu minionej nocy, życie Eliasza stało się cenniejsze niż jego śmierć.

– Co ten cudzoziemiec robi tu z wami? – spytał dowódca.

– Został oświecony przez bogów – odparł namiestnik. – On pomoże nam znaleźć najlepsze rozwiązanie.

I szybko zmienił temat.

– Zdaje się, że wzrosła dziś liczba namiotów?

– A jutro wzrośnie jeszcze bardziej – odpowiedział dowódca. – Gdybyśmy ich zaatakowali, kiedy stał tu tylko patrol, przypuszczalnie nie pojawiłby się już tutaj żaden Asyryjczyk.

– Mylisz się, któryś zdołałby uciec, a inni przyszliby się zemścić.

– Jeśli opóźniamy dzień zbiorów, owoce gniją – rzekł dowódca. – Problemy odłożone na potem nie przestają rosnąć.

Namiestnik wyjaśnił, że pokój panujący w Fenicji od blisko trzech wieków stał się powodem do dumy jej ludu. Co powiedzą przyszłe pokolenia, jeśli to on położy kres tym epokom dobrobytu?

– Wyślij posła, by się z nimi układał – odezwał się Eliasz. – Najlepszym wojownikiem jest ten, kto zdoła wroga przemienić w przyjaciela.

– Nie wiemy dokładnie, czego chcą. Nie wiemy nawet, czy rzeczywiście zamierzają zdobyć nasze miasto. Jakże więc możemy z nimi pertraktować?

– Są zagrożeniem. Żadne wojsko nie traci czasu na ćwiczenia z dala od swego kraju.

Z każdym dniem żołnierzy przybywało i namiestnik wyobrażał sobie ilość wody, potrzebną by nasycić tylu mężów. Już wkrótce miasto będzie bezbronne wobec obcej armii.

– Czy możemy zaatakować teraz? – zapytał kapłan dowódcę.

– Tak, możemy. Wprawdzie stracimy wielu ludzi, lecz miasto będzie uratowane. Ale decyzję trzeba podjąć szybko.

– Nie powinniśmy tego robić – zwrócił się Eliasz do namiestnika. – Bogowie Piątej Góry zapewnili mnie, że mamy jeszcze czas na znalezienie pokojowego rozwiązania.

Choć namiestnik słyszał rozmowę kapłana z Izraelitą, udał że wierzy jego słowom. Było mu wszystko jedno, czy Sydon i Tyr znajdą się pod fenickim, kanaanejskim czy asyryjskim panowaniem. Ważne było jedynie, by miasto nadal mogło handlować swymi towarami.

– Zaatakujmy – nalegał kapłan.

– Poczekajmy jeszcze jeden dzień – poprosił namiestnik – a być może sprawy same się rozwiążą.

Musiał zdecydować, co robić. Zszedł z murów i skierował się do pałacu. Poprosił Izraelitę, by mu towarzyszył.

Po drodze przyglądał się mijanym ludziom: pasterzom pędzącym owce w góry, wieśniakom idącym w pole, by wyrwać suchej ziemi trochę pożywienia dla siebie i bliskich. Wojownicy ćwiczyli, jacyś dopiero co przybyli handlarze rozkładali swe towary na placu. Choć było to niewiarygodne, Asyryjczycy nie zamknęli szlaku handlowego wiodącego przez dolinę i kupcy nadal kursowali z towarami, płacąc miastu podatki od przejazdu.

– Dlaczego teraz, gdy zgromadzili potrzebne siły, nie zamykają szlaku? – zastanawiał się Eliasz.

– Asyryjskiemu imperium potrzebne są towary, które docierają do portów Sydonu i Tyru – odparł namiestnik. – Gdyby kupcy poczuli zagrożenie, przerwaliby dostawy, a skutki okazałyby się poważniejsze niż klęska militarna. Musi istnieć jakiś sposób na uniknięcie wojny.

– Tak – rzekł Eliasz. – Jeśli chcą wody, możemy im ją sprzedać.

Namiestnik nic nie odpowiedział. Zrozumiał jednak, że może wykorzystać Izraelitę jako broń przeciwko tym, którzy pragną wojny. Eliasz był przecież na szczycie Piątej Góry, nie przeląkł się bogów i gdyby kapłan zamierzał dalej upierać się przy walce z Asyryjczykami – tylko on mógł mu się sprzeciwić. Zaproponował, aby przeszli się razem i porozmawiali.

Kapłan stał nieruchomo, obserwując wroga z wysokości murów.

– Co mogą zrobić bogowie, by powstrzymać najeźdźców? – spytał dowódca.

– Złożyłem ofiary u stóp Piątej Góry. Prosiłem o to, by władca stał się odważniejszy.

– Powinniśmy zrobić tak jak Jezabel i zgładzić proroków. Tego, jeszcze wczoraj skazanego na śmierć Izraelitę, namiestnik wykorzystuje dziś, by przekonać ludzi do zaniechania myśli o wojnie.

Dowódca spojrzał w stronę góry.

– Możemy zabić Eliasza. I użyć moich żołnierzy, by odsunęli namiestnika od władzy.

– Rozkażę zgładzić Eliasza – odparł kapłan. – Jeśli zaś chodzi o namiestnika, to niewiele możemy zdziałać: jego ród sprawuje władzę od wielu pokoleń. Rządził nami jego dziad, potem władzę pochodzącą od bogów przekazał jego ojcu, teraz kolej przeszła na niego.

– Dlaczego tradycja nie dopuszcza, abyśmy mogli oddać ster w ręce człowieka, który działałby skuteczniej?

– Tradycja służy zachowaniu porządku świata. Jeśli ją złamiemy, świat się skończy.

Kapłan rozejrzał się dokoła. Niebo i ziemia, góry i dolina, każda cząstka spełniała to, co zostało jej przypisane. Czasami ziemia drżała w posadach, kiedy indziej znów – jak teraz – nadchodziła długotrwała susza. Ale gwiazdy świeciły na niebie, a słońce nie spadało na ludzkie głowy. A wszystko dlatego, że po Potopie, ludzie pojęli, iż nie wolno im zakłócać porządku świata.

W przeszłości istniała tylko Piąta Góra. Bogowie i ludzie żyli razem, przechadzali się po rajskich ogrodach, rozmawiali ze sobą i śmiali się. Lecz ludzie zgrzeszyli i bogowie chcieli ich wygnać. Nie mieli jednak gdzie, więc wokół góry stworzyli Ziemię, by tam zepchnąć wygnańców, mając nad nimi pieczę, i wszystko urządzając tak, by zawsze pamiętali o tym, że na Piątej Górze, u bogów, było im lepiej.

Jednak postarali się, aby możliwość powrotu pozostała otwarta, bo jeśli ludzkość nie zboczy z wytyczonej drogi, to będzie mogła wejść z powrotem na szczyt góry. Kapłani i władcy, za sprawą bogów, mieli czuwać, by nikt nigdy nie zapomniał o tej możliwości, by zawsze ożywiała ona ludzką wyobraźnię.

Wszystkie narody wierzyły w to samo – jeśli rody namaszczone przez bogów zostaną odsunięte od władzy, skutki będą straszne. Nikt już nie pamiętał, dlaczego właśnie te rody zostały wybrane, ale wszyscy wiedzieli, że łączą ich więzy pokrewieństwa z bogami. Akbar istniał od setek lat i zawsze władali nim przodkowie obecnego namiestnika. Miasto wielekroć było atakowane, przechodziło w ręce barbarzyńców, ale z biegiem czasu najeźdźcy sami odchodzili lub byli wypierani. Powracał odwieczny porządek, a ludzie zaczynali żyć jak dawniej.

Obowiązkiem kapłanów było zachowanie tego porządku, bowiem świat miał swoje przeznaczenie i rządził się swoimi prawami. Czas, gdy starano się zrozumieć bogów, już minął. Teraz nastała epoka poszanowania i wypełniania ich woli. A bogowie byli kapryśni i z łatwością wpadali w gniew.

Bez obrzędu zbiorów, ziemia nie rodziłaby owoców. Gdyby zapomniano o składaniu ofiar, miasto nawiedziłyby śmiertelne choroby. Gdyby znowu sprowokowano boga Czasu, sprawiłby, że pszenica przestałaby rosnąć a ludzie mnożyć.

– Spójrz na Piątą Górę – odezwał się kapłan do dowódcy. – Z jej szczytu bogowie rządzą doliną i otaczają nas opieką. Mają dla Akbaru swój boski plan. Cudzoziemiec zginie albo wróci do swej ziemi, namiestnik pewnego dnia umrze, a jego syn okaże się mądrzejszy – to, co przeżywamy teraz, jest tylko przejściowe.

– Trzeba nam nowego władcy – rzekł dowódca. – Jeśli będziemy tak bezczynnie czekać, zniszczą nas.

Kapłan wiedział, że tego właśnie pragną bogowie, by położyć kres zagrożeniu, jakie niosło pismo z Byblos. Ale nic nie odpowiedział. Cieszyła go myśl, że władcy czy tego chcieli, czy nie, wypełniali zawsze zamysły wszechświata.

Podczas przechadzki po mieście namiestnik wysłuchał pokojowego planu Eliasza i mianował go swoim pomocnikiem. Gdy dotarli do placu, chorzy znów obstąpili Izraelitę, ale wyjaśnił im, że bogowie Piątej Góry zakazali mu uzdrawiania ludzi. Pod wieczór wrócił do domu wdowy, a widząc chłopca bawiącego się na ulicy, podziękował Bogu, że stał się narzędziem w Jego dziele.

Kobieta czekała na Eliasza z kolacją. Ku jego zaskoczeniu na stole stała karafka wina.

– Ludzie przynieśli dla ciebie podarki – powiedziała. – A ja pragnę cię prosić o przebaczenie za mą niesprawiedliwość.

– Jakąż niesprawiedliwość? – zdziwił się. – Czy nie widzisz, że wszystko jest częścią boskiego zamysłu?

Wdowa uśmiechnęła się, jej oczy błyszczały i dostrzegł jak była piękna. Musiała mieć chyba z dziesięć lat więcej od niego, lecz uzmysłowił sobie, iż go niebywale pociąga. Ogarnął go strach, bo nieczęsto nawiedzało go takie uczucie. Przypomniał sobie oczy Jezabel i swą modlitwę, którą – pragnąc poślubić kobietę z Libanu – zmówił opuszczając pałac.

– Nawet jeśli moje życie jest nikomu niepotrzebne, to mam przynajmniej syna. I ludzie przez wieki będą powtarzać jego historię, bo powrócił z królestwa zmarłych – odezwała się kobieta.

– Twoje życie nie jest niepotrzebne. Przyszedłem do Akbaru z rozkazu Pana, a ty mnie przyjęłaś. Gdy kiedyś ktoś wspomni historię twego syna, z pewnością wspomni i o tobie.

Kobieta napełniła kielichy. Wznieśli toast za zachodzące słońce i za gwiazdy na niebie.

– Przybyłeś z odległej krainy, idąc za znakami jakiegoś Boga, którego nie znałam, ale teraz jest także moim Panem. Mój syn również powrócił z odległej krainy i będzie opowiadał o tym cudownym zdarzeniu swoim wnukom. Kapłani zapamiętają jego słowa i przekażą je przyszłym pokoleniom.

To dzięki pamięci kapłanów miasta znają swoją przeszłość, swe podboje, dawnych bogów, wojowników, którzy za tę ziemię przelali krew. Choć więc powstały nowe sposoby rejestrowania przeszłości, mieszkańcy Akbaru wciąż ufali jedynie pamięci kapłanów. Albowiem każdy może zapisać co mu się żywnie podoba, ale nikt nie potrafi wydobyć z pamięci czegoś, co nigdy się nie zdarzyło.

– A cóż ja mam do opowiadania? – ciągnęła kobieta, napełniając ponownie pusty już kielich Eliasza. – Nie mam takiej siły jak Jezabel. Moje życie było podobne do innych: małżeństwo obmyślone przez rodziców, gdy byłam zaledwie dzieckiem, obowiązki domowe, gdy dorosłam, obrzędy w dni święte, mąż ciągle zajęty. Gdy żył, nigdy nie rozmawialiśmy o rzeczach ważnych. On był ciągle pochłonięty swoimi sprawami, ja zajmowałam się domem – i tak minęły nasze najlepsze lata.

Po jego śmierci została mi tylko bieda i troska o wychowanie syna. Gdy dorośnie, wypłynie w morze, a ja nie będę już nikomu potrzebna. Nie ma we mnie nienawiści ani żalu, jest tylko świadomość własnej bezużyteczności.

Eliasz ponownie napełnił kielich. Serce zaczynało wysyłać mu sygnały alarmowe – lubił być u boku tej kobiety. Miłość mogła być doświadczeniem bardziej zatrważającym, niż tamta chwila, gdy stał naprzeciw żołnierza Achaba, mierzącego z łuku w jego serce. Gdyby dosięgła go strzała, już byłby martwy, a reszta należałaby do Boga. Jeśli jednak dosięgnie go miłość, on sam będzie musiał zmierzyć się z jej następstwami.

„Przez całe życie pragnąłem miłości" – pomyślał. A przecież teraz, gdy miał ją w zasięgu ręki, a było tak bez wątpienia, kiedy wystarczyło tylko nie uciekać przed nią, jedyną jego myślą było zapomnieć o niej jak najprędzej.

Przypomniał sobie dzień, w którym przybył do Akbaru po wygnaniu spędzonym nad potokiem Kerit. Był wtedy tak wyczerpany i spragniony, że niewiele pamiętał, za wyjątkiem chwili, gdy wróciła mu przytomność i zobaczył kobietę, zwilżającą mu wyschnięte wargi. Nigdy przedtem nie był tak blisko żadnej kobiety. Zauważył, że jej oczy były tak samo zielone jak oczy Jezabel, tylko błyszczały inaczej, tak jakby odbijały się w nich cedry i ocean, o którym tak marzył, nie znając go i – jak to możliwe? – jego własna dusza.

„Tak bardzo chcę jej to wszystko powiedzieć – pomyślał. – Lecz nie wiem jak. O wiele prościej jest mówić o miłości do Boga".

Eliasz wypił jeszcze łyk wina. Wdowa pomyślała, że jakieś jej słowa nie przypadły mu do gustu i postanowiła zmienić temat.

– Byłeś na szczycie Piątej Góry? – spytała.

Skinął głową.

Chciała dowiedzieć się, co tam widział, jak zdołał uniknąć ognia niebieskiego, ale Eliasz zdawał się jakiś nieswój.

„Jest prorokiem. Czyta w moim sercu" – pomyślała.

Od kiedy Izraelita wkroczył w jej życie, wszystko się zmieniło. Nawet biedę łatwiej było znosić, bo ten nieznajomy obudził uczucie, którego wcześniej nie znała – miłość. Gdy zachorował jej syn, walczyła z sąsiadami, by wolno mu było pozostać w jej domu.

Wiedziała, że dla niego Pan był najważniejszy pod słońcem. Była świadoma nieziszczalności swego marzenia, bo przecież ten mężczyzna mógł odejść w każdej chwili, by przelać krew Jezabel i nigdy nie wrócić.

Mimo to, kochała go nadal, bo – po raz pierwszy w życiu – poznała, co to wolność. Mogła go kochać, choćby miał się o tym nigdy nie dowiedzieć, nie potrzebowała jego przyzwolenia, by odczuwać jego nieobecność, by myśleć o nim przez cały dzień, by czekać na niego z kolacją, by niepokoić się tym, co ludzie knują przeciwko niemu.

To właśnie była wolność – czuć to, czego pragnęło jej serce, nie bacząc na to, co pomyślą inni. Stoczyła już walkę z sąsiadami i przyjaciółmi o prawo cudzoziemca do pobytu w jej domu. Przeciwko sobie nie musiała walczyć.

Eliasz wypił jeszcze łyk wina, pożegnał się i poszedł do swego pokoju. Kobieta wyszła przed dom, popatrzyła z radością na bawiącego się syna i postanowiła przejść się.

Była wolna, bo miłość wyzwala.

Eliasz długo wpatrywał się w ściany swego pokoju. W końcu postanowił przywołać swego anioła stróża.

– Moja dusza jest w niebezpieczeństwie – powiedział.

Anioł milczał. Eliasz zawahał się, czy mówić dalej, ale było już za późno, nie wzywa się anioła bez powodu.

– Nie czuję się dobrze w obecności tej kobiety.

– Wręcz przeciwnie – odparł anioł. – I to cię niepokoi. Bo możesz ją pokochać.

Eliasz zawstydził się, bo anioł znał jego duszę.

– Miłość jest niebezpieczna – rzekł.

– Bardzo – odparł anioł. – I cóż z tego?

I zaraz potem zniknął.

Anioł nie rozumiał wątpliwości, które nękały duszę Eliasza. Lecz Eliasz wiedział, co znaczy miłość, widział jak król Izraela opuszcza Pana z powodu sydońskiej księżniczki Jezabel, która zawładnęła jego sercem. Znał dzieje króla Salomona, który stracił tron za sprawą cudzoziemki. Król Dawid posłał na śmierć jednego ze swych najlepszych przyjaciół, bo pokochał jego żonę. Przez Dalilę Samson trafił do niewoli i Filistyni wyłupili mu oczy.

Jakże mógł nie wiedzieć niczego o miłości? Historia pełna była tragicznych przykładów. A gdyby nawet nie znał świętych pism, widział swych przyjaciół, i przyjaciół swych przyjaciół, zagubionych podczas długich nocy nadziei i cierpienia. Gdyby miał kobietę w Izraelu, ciężko by mu było opuścić swe miasto na rozkaz Pana i już dawno leżałby martwy.

„Prowadzę niepotrzebną walkę – pomyślał. – Miłość i tak w niej zwycięży i będę kochał tę kobietę do końca mych dni. Panie, poślij mnie do Izraela, żebym nie musiał jej mówić, co czuję. Ona mnie nie kocha i odpowie mi, że jej serce pogrzebano obok ciała jej męża bohatera.

Następnego dnia Eliasz znów spotkał się z dowódcą. Dowiedział, że wzrosła liczba asyryjskich namiotów.

– Jaki jest teraz stosunek sił?

– Nie przekazuję informacji wrogowi Jezabel.

– Wczoraj wieczór namiestnik mianował mnie swoim doradcą – odparł Eliasz. – Powiadomiono cię o tym i musisz mi odpowiedzieć.

Dowódca zapragnął zabić cudzoziemca.

– Na jednego naszego żołnierza przypada dwóch Asyryjczyków – powiedział, ociągając się.

Eliasz wiedział, że nieprzyjacielowi potrzebna była znacznie większa przewaga.

– Zbliża się najlepszy moment dla rozpoczęcia pokojowych rokowań. Pokażemy naszą wspaniałomyślność i uzyskamy lepsze warunki. Każdy wódz wie, że aby zdobyć miasto potrzeba pięciu atakujących na jednego obrońcę.

– Będzie ich tylu, jeśli zaraz nie uderzymy.

– Nawet przy dobrze zorganizowanym zaopatrzeniu nie nastarczą z dostawami wody dla tylu ludzi. I wtedy nadejdzie czas, by wysłać naszych posłów.

– Kiedy ten czas nadejdzie?

– Poczekamy, aż będzie ich więcej, warunki w obozie staną się nie do wytrzymania i będą zmuszeni zaatakować, wiedząc, że przy układzie: tylko trzech czy czterech ich żołnierzy na jednego naszego, mogą zostać pobici. Wtedy nasi wysłannicy zaproponują rozejm, przejście przez miasto bez przeszkód i wodę na sprzedaż. Taki jest zamysł namiestnika.

Dowódca nic nie odpowiedział i pozwolił cudzoziemcowi odejść. Nawet śmierć Eliasza nie odwiodłaby namiestnika od jego planu. Dowódca poprzysiągł sobie, że jeśli sytuacja rozwinie się zgodnie z oczekiwaniami namiestnika, zabije go, a potem popełni samobójstwo, by nie patrzeć na skutki boskiego gniewu. Lecz nigdy nie dopuści do tego, by pieniądze zgubiły jego lud.

95

„Panie, zabierz mnie z powrotem do ziemi Izraela – wołał Eliasz co wieczór, przechadzając się po dolinie. – Nie pozwól, by moje serce zostało uwięzione w Akbarze".

Zgodnie ze zwyczajem proroków, których poznał będąc dzieckiem, biczował się, ilekroć pomyślał o wdowie. Całe jego plecy były pokaleczone i przez dwa dni majaczył w gorączce. Gdy oprzytomniał, zobaczył pochyloną nad sobą twarz kobiety, która opatrywała mu rany, smarując je maścią i oliwą z oliwek. Był zbyt słaby, by schodzić na dół, dlatego przynosiła mu posiłki do jego izby.

Gdy tylko wydobrzał, znów zaczął przechadzać się doliną.

„Panie, zabierz mnie z powrotem do ziemi Izraela – mówił. – Moje serce już jest uwięzione w Akbarze, ale ciało zdoła jeszcze podjąć wędrówkę".

Pewnego dnia zjawił się anioł. Nie był to anioł Pański, którego widział na szczycie góry, lecz ten, który go strzegł. Znał dobrze jego głos.

– Bóg wysłuchuje tych, którzy błagają o łaskę zapomnienia dla nienawiści, lecz głuchy jest na głos tych, którzy chcą uciec przed miłością.

Każdego dnia wieczerzali we trójkę. I jak Pan obiecał, nigdy nie brakło mąki w dzbanie ani oliwy w baryłce.

Rzadko rozmawiali podczas posiłków. Jednak pewnego wieczoru chłopiec zapytał:

– Kto to jest prorok?

– Prorok, to człowiek, który wciąż słucha głosów, jakie słyszał będąc dzieckiem i wciąż im wierzy. Tym sposobem wie, co myślą aniołowie.

– Wiem, o czym mówisz – odparł chłopiec. – Mam przyjaciół, których nikt, prócz mnie nie widzi.

– Nie zapominaj o nich nigdy, choćby dorośli mówili ci, że to niemądre. Dzięki nim będziesz zawsze wiedział, czego pragnie Bóg.

– Poznam przyszłość, jak babilońscy wróżbici – powiedział chłopiec.

– Prorocy nie znają przyszłości. Przekazują jedynie słowa, którymi w teraźniejszości natchnął ich Stwórca. Dlatego jestem tutaj i nie wiem, kiedy wrócę do mego kraju. Pan nie powie mi tego dopóty, dopóki nie uzna za konieczne.

Oczy kobiety zasnuł smutek. Tak, pewnego dnia on odejdzie.

Eliasz przestał wzywać Pana. Postanowił, że gdy nadejdzie czas, by opuścić Akbar, zabierze ze sobą wdowę i jej syna. Ale na razie nie powie im o tym.

Być może ona nie zechce z nim odejść. Być może nie odkryła jeszcze jego uczucia do niej — jemu samemu zabrało to sporo czasu. Tak byłoby lepiej. Mógłby całkowicie poświęcić się wygnaniu Jezabel i odbudowie Izraela. Jego umysł byłby zbyt zajęty, by rozmyślać o miłości.

— *Pan jest moim pasterzem* — rzekł, wspominając starą modlitwę króla Dawida. — *Prowadzi mnie nad wody, gdzie mogę odpocząć: orzeźwia moją duszę.* I nie pozwoli mi zatracić sensu życia — dokończył po swojemu.

Pewnego dnia wrócił wcześniej niż zwykle i zobaczył wdowę siedzącą na progu domu.

— Co robisz?

— Nie mam nic do roboty — odparła.

— A więc ucz się czegoś. W takich chwilach wielu ludzi poddaje się. Nie nudzą się, nie płaczą, patrzą tylko jak przemija czas. Nie przyjmują wyzwań, jakie niesie im życie, a życie nie rzuca im nowych wyzwań. Grozi ci to samo. Stań z losem twarzą w twarz, zareaguj, nie rezygnuj!

— Moje życie nabrało sensu — odparła spuszczając wzrok — z chwilą, gdy ty przybyłeś.

Poczuł, że mógłby otworzyć przed nią serce, lecz brakło mu śmiałości. Miała pewnie co innego na myśli.

– Zacznij coś robić – powiedział, zmieniając temat. – Wtedy czas stanie się twoim sprzymierzeńcem, a nie wrogiem.

– Czego mogę się nauczyć?

Eliasz zaczął się namyślać.

– Chociażby pisma z Byblos. Przyda ci się, jeśli kiedyś ruszysz w drogę.

Kobieta postanowiła oddać się temu zajęciu całą duszą i ciałem. Nigdy nie myślała o opuszczeniu Akbaru, ale sposób w jaki Eliasz to mówił wskazywał, że być może zamierzał zabrać ją ze sobą.

Znów poczuła się wolna. Znów zaczęła się budzić wcześnie rano i z uśmiechem przechadzała ulicami miasta.

– Eliasz wciąż żyje. Nie zdołałeś go zgładzić – powiedział dowódca do kapłana dwa miesiące później.

– W całym Akbarze nie ma nikogo, kto podjąłby się tego zadania. Ten Izraelita pociesza chorych, odwiedza więźniów, karmi głodnych. Gdy ktoś poróżni się z sąsiadem, on rozstrzyga spór, a jego sądy wszyscy szanują, bo są sprawiedliwe. Namiestnik posługuje się nim, by zyskać na popularności, ale nikt jeszcze nie zdaje sobie z tego sprawy.

– Kupcy nie chcą wojny. Jeśli namiestnik przekona ludzi, że pokój jest lepszy, nigdy nie uda się nam wygnać stąd Asyryjczyków. Eliasz musi wkrótce zginąć.

Kapłan spojrzał na Piątą Górę: jej szczyt wiecznie zakrywały chmury.

– Bogowie nie dopuszczą, by ich kraj upokorzyła obca siła. Wymyślą jakąś sztuczkę, a my z niej skorzystamy.

– Jaką?

– Nie wiem. Ale będę bacznie wypatrywał znaku. Nie przekazuj nikomu dokładnych liczb o sile Asyryjczyków. Ilekroć ktoś będzie pytać, odpowiadaj, że najeźdźca ma ciągle czterech żołnierzy na naszego jednego. I ćwicz nadal swoich.

– Dlaczego mam tak robić? Przecież gdy będzie ich pięciu na jednego naszego, będziemy zgubieni.

– Nie, wtedy nastąpi równowaga sił. Gdy dojdzie do bitwy, nie będziesz walczył ze słabszym przeciwnikiem i nie okrzykną cię tchórzem wykorzystującym swą przewagę. Wojsko akbarskie stanie twarzą w twarz z równie silnym przeciwnikiem i zwycięży, bo jego dowódca obrał lepszą strategię.

Słowa te połechtały próżność dowódcy i przystał na propozycję. Odtąd począł skrywać prawdziwe informacje przed namiestnikiem i przed Eliaszem.

Minęły następne dwa miesiące i nadszedł dzień, w którym pięciu najeźdźców przypadało na jednego obrońcę Akbaru. Asyryjczycy mogli zaatakować lada dzień.

Już od jakiegoś czasu Eliasz podejrzewał, że dowódca kłamie o liczebności wroga, ale uznał, że zadziała to na jego korzyść. Gdy stosunek sił osiągnie poziom krytyczny, łatwiej mu będzie przekonać lud, że pokój jest jedynym rozwiązaniem.

Rozmyślając o tym, poszedł w stronę placu, gdzie co tydzień pomagał mieszkańcom w rozstrzyganiu ich sporów. Zwykle były to błahe sprawy zwaśnionych sąsiadów, starców, którzy nie chcieli dalej płacić podatków, kupców pokrzywdzonych w interesach.

Na placu był już namiestnik. Pojawiał się tam od czasu do czasu i patrzył co Eliasz robi. Zwykle zatwierdzał jego decyzje, nadając im moc prawa, a jeśli nie zgadzał się z wyrokami Eliasza, z biegiem czasu okazywało się, że ma rację. Izraelita nie czuł już niechęci do tego człowieka. Przekonał się, że chociaż namiestnik nie wierzy w życie duchowe i niezwykle boi się śmierci, jest człowiekiem mądrym, starającym się tłumić problemy w zarodku.

Akbar był wzorem dla miast fenickich. Namiestnik wprowadził sprawiedliwszy system podatkowy, zlecił naprawę ulic, umiał mądrze gospodarować zyskami płynącymi z ceł nałożonych na towary. Pewnego razu Eliasz zwrócił się do niego o wydanie zakazu picia wina i piwa, albowiem większość sporów, które musiał łagodzić, wywoływali pijani mieszkańcy. Namiestnik odparł mu na to, że to właśnie oni zaświadczają o świetności miast. Tradycja głosiła, że bogowie zawsze otaczali opieką pijaków, bo radowali się, gdy człowiek porzucał troski po całym dniu pracy. Poza tym Akbar słynął z produkcji najlepszych na świecie win, lecz cudzoziemcy zaczęliby w to wątpić, gdyby sami mieszkańcy nie kosztowali własnych trunków. Eliasz pogodził się z decyzją namiestnika i koniec końców musiał przyznać, że ludzie weseli pracują lepiej.

– Nie musisz aż tyle pracować – zwrócił się namiestnik do Eliasza, nim ten rozpoczął swe codzienne zajęcia. – Doradcy pomagają rządzącym, dzieląc się z nimi swoimi opiniami.

– Tęsknię za ziemią rodzinną i pragnę tam wrócić. Gdy działam z zapałem, czuję się potrzebny i zapominam, że jestem tu obcy – odparł.

„I udaje mi się lepiej zapanować nad moją miłością do niej" – pomyślał.

Coraz częściej Eliasza otaczał tłum gapiów. Przychodzili starcy, którzy nie mieli już sił do pracy w polu, by oklaskiwać, bądź wygwizdywać, wyroki

Eliasza, przychodzili pokrzywdzeniu lub skłóceni, prosząc o sprawiedliwe rostrzygnięcie sporu, a dla zabicia czasu przychodziły też kobiety i dzieci.

Izraelita zajął się sprawami ludzi oczekujących tego przedpołudnia na jego sąd. Pierwsza dotyczyła pewnego młodego pasterza, któremu przyśnił się skarb ukryty gdzieś w okolicy egipskich piramid i który, aby go odnaleźć potrzebował pieniędzy na podróż. Eliasz nigdy nie był w Egipcie, ale wiedział, że to odległy kraj. Wytłumaczył młodzieńcowi, że trudno mu będzie uzyskać potrzebne środki z datków, ale jeśli sprzeda owce, by okupić cenę swego marzenia, wtedy z pewnością odnajdzie to, czego szuka.

Następna dotyczyła kobiety, która pragnęła zgłębić tajniki izraelskiej sztuki magicznej. Eliasz odpowiedział jej, że nie jest mistrzem magii lecz jedynie prorokiem.

A w chwili gdy szukał polubownego rozwiązania w sprawie pewnego wieśniaka, który zelżył cudzą żonę, jakiś żołnierz utorował sobie drogę w ciżbie i podszedł do namiestnika.

– Nasz patrol pochwycił szpiega – odezwał się przybyły, ocierając pot z czoła. – Już go tu prowadzą!

Tłum zafalował, nigdy jeszcze nie asystował przy sądzeniu szpiega.

– Skazać go na śmierć! – zawołał ktoś. – Śmierć wrogom!

Wszyscy obecni wrzaskiem wyrazili swoje poparcie. W okamgnieniu wieść obiegła całe miasto i plac wypełnił się po brzegi. Eliasz ledwo mógł dokończyć pozostałe sprawy, ciągle mu przerywano, ludzie domagali się, by natychmiast przyprowadzono obcego.

– Nie mogę sądzić takich spraw – mówił do ludzi. – To należy do władz Akbaru.

– Po co tu przyszli ci Asyryjczycy? – krzyknął ktoś z tłumu. – Czy nie widzą, że żyjemy w pokoju od wielu pokoleń?

– Na co im nasza woda? – pytał inny. – Dlaczego zagrozili naszemu miastu?

Już od miesięcy nikt nie ośmielał się mówić publicznie o obecności wroga. Choć wszyscy wiedzieli, że namiotów asyryjskich przybywa, a kupcy nawoływali do natychmiastowego rozpoczęcia pokojowych rokowań, to jednak nikt w Akbarze nie dopuszczał do siebie myśli, że grozi mu naprawdę wojna. Wygrana kiedyś potyczka z jakimś nic nie znaczącym plemieniem, wojną nie była. To czym jest wojna, przechowali w pamięci tylko kapłani.

To oni wspominali o państwie egipskim, jego koniach, rydwanach wojennych i bogach pod postaciami zwierząt. Ale to wszystko działo się dawno temu. Dziś Egipt nie był już liczącym się krajem, a smagli, mówiący osobliwym językiem wojownicy, powrócili do siebie. Teraz to Tyryjczycy i Sydończycy niepodzielnie panowali na morzach i rozszerzali swe imperium nie w boju, choć umieli się bić, lecz nową formą walki – handlem.

– Dlaczego ludzie są tak wzburzeni? – zapytał namiestnik Eliasza.

– Bo czują, że coś się zmieniło. Wiesz równie dobrze jak ja, że od dziś Asyryjczycy mogą zaatakować w każdej chwili, a dowódca kłamie o sile wroga.

– Musiałby być szalony, aby wyjawić komuś prawdę! Zasiałby tylko panikę.

– Ludzie wyczuwają zbliżające się niebezpieczeństwo i zachowują się wtedy w dziwny sposób – mają przeczucia, wietrzą coś w powietrzu. Próbują oszukać samych siebie z obawy, że nie podołają sytuacji. Mieszkańcy Akbaru łudzili się do dziś, ale właśnie nadszedł czas, by stanąć twarzą w twarz z prawdą.

Przyszedł kapłan.

– Chodźmy do pałacu. Trzeba zwołać Radę Akbaru. Dowódca jest już w drodze.

– Nie rób tego – odezwał się półgłosem Eliasz do namiestnika. – Oni zmuszą cię do tego, czego nie chcesz.

– Chodźmy – nalegał kapłan. – Przechwycono szpiega i należy podjąć natychmiastowe środki ostrożności.

– Zarządź sąd w obecności mieszkańców – wyszeptał Eliasz. – Ludzie ci pomogą, bo w głębi ducha pragną pokoju, choć głośno domagają się wojny.

– Przyprowadźcie tutaj tego człowieka – rozkazał namiestnik. Mieszkańcy krzyknęli z radości, że po raz pierwszy będą mogli uczestniczyć w jawnych obradach.

– Nie możemy tego zrobić! – zaoponował kapłan. – To delikatna sprawa i trzeba ją rozwiązać w spokoju!

Rozległy się gwizdy i okrzyki protestu.

– Przyprowadźcie go tutaj – powtórzył namiestnik. – Sąd odbędzie się tu, na tym placu, pośród ludu. Pracujemy razem, by przekształcić Akbar w dostatnie miasto, i razem będziemy sądzić tych, którzy nam zagrażają.

Decyzja została przyjęta burzą oklasków. Pojawiła się grupa akbarskich wojowników ciągnących za sobą półnagiego, zbroczonego krwią człowieka. Musieli go nieźle obić, nim go przywlekli.

Zapadła przytłaczająca cisza, przerywana tylko pochrząkiwaniem świń i nawoływaniami dzieci bawiących się po drugiej stronie placu.

– Dlaczego pobiliście jeńca? – wykrzyknął namiestnik.

– Odgrażał się – odparł jeden ze strażników. – Mówił, że nie jest szpiegiem. Że przyszedł tu, by rozmawiać z tobą.

Namiestnik rozkazał, by dostarczono trzy krzesła. Słudzy przynieśli mu również płaszcz sprawiedliwości, który nakładał zazwyczaj podczas obrad Rady Akbaru.

Namiestnik i kapłan zajęli miejsca. Trzecie krzesło przeznaczone było dla dowódcy, który jeszcze nie przyszedł.

– Ogłaszam uroczyście otwarcie obrad sądu miasta Akbar. Niechaj podejdzie starszyzna.

Grupa mężczyzn w podeszłym wieku zbliżyła się i stanęła półkolem za krzesłami. To była rada starszych. Dawnymi czasy szanowano ich opinie i stosowano się do ich zaleceń. Teraz jednak pełnili tylko rolę niemo aprobujących decyzje władców statystów.

Kiedy dopełniono ceremoniału – pomodlono się do bogów Piątej Góry i przywołano imiona dawnych bohaterów – namiestnik zwrócił się do jeńca:

– Czego tutaj chcesz?

Mężczyzna nie odpowiedział. Patrzył hardo na namiestnika, jak na równego sobie.

– Czego tutaj chcesz? – powtórzył namiestnik.

Kapłan dotknął jego ramienia.

– Potrzebujemy tłumacza. On nie mówi po fenicku.

Wydano rozkaz i jeden ze strażników ruszył na poszukiwanie jakiegoś kupca, który mógłby służyć za tłumacza. Kupcy nigdy nie uczestniczyli w Eliaszowych sądach, byli zbyt zajęci swymi interesami i liczeniem zysków.

W przerwie kapłan wyszeptał:

– Pobili jeńca, bo się boją. Pozwól, że ja poprowadzę ten proces i nie odzywaj się. Panika wywoła agresję i, jeśli stracimy autorytet, wymknie się nam z rąk kontrola nad sytuacją.

Namiestnik milczał. Sam też się bał. Szukał wzrokiem Eliasza, ale nie mógł go dojrzeć.

Strażnik doprowadził siłą jednego z kupców, który gwałtownie protestował, wołając że narażają go na stratę czasu. Ale kapłan zmierzył go surowym wzrokiem, nakazując spokój i tłumaczenie rozmów.

– Czego tu chcesz? – zapytał namiestnik.

– Nie jestem szpiegiem – odparł schwytany mężczyzna. – Jestem jednym z wodzów. Przychodzę, by się z wami rozmówić.

Ludzie, dotąd milczący, zaczęli krzyczeć ledwie posłyszawszy odpowiedź. Wołali, że to kłamstwo i domagali się natychmiastowej kary śmierci.

Kapłan poprosił o ciszę i zwrócił się do jeńca:

– O czym chcesz mówić?

– Wieść niesie, że wasz namiestnik jest roztropnym człowiekiem – odparł Asyryjczyk. – Nie chcemy burzyć tego miasta, naszym celem jest Tyr i Sydon. Lecz Akbar leży po drodze i stąd można kontrolować całą dolinę. Jeśli będziemy zmuszeni walczyć, stracimy i czas i ludzi. Przychodzę więc układać się z wami.

„Ten człowiek mówi prawdę – pomyślał Eliasz. Zauważył, że otoczyła go grupa żołnierzy i zasłoniła mu namiestnika. – Myśli tak samo jak i my. Pan sprawił cud i nie będzie wojny".

Kapłan podniósł się i zakrzyknął do ludu:

– Widzicie? Chcą nas zniszczyć bez walki!

– Mów dalej! – odezwał się namiestnik do jeńca.

Jednak kapłan był szybszy:

– Nasz namiestnik jest dobrym człowiekiem i nie chce przelewu krwi. Ale stoimy w obliczu wojny, a ten jeniec jest naszym wrogiem!

– Ma rację! – krzyknął ktoś z tłumu.

Eliasz pojął swój błąd – kapłan grał na uczuciach tłumu, podczas gdy namiestnik szukał sprawiedliwości. Próbował przedostać się do przodu, lecz został odepchnięty. Jeden z żołnierzy schwycił go za ramię.

– Zaczekasz tutaj. W końcu to był twój pomysł.

Izraelita obejrzał się – za nim stał dowódca garnizonu. Uśmiechał się.

– Jego propozycje są dla nas nie do przyjęcia – ciągnął dalej kapłan, żarliwie gestykulując. – Jeśli pokażemy, że jesteśmy gotowi na układy, to będzie to dowód na to, że się boimy. A lud Akbaru jest odważny i potrafi się oprzeć każdej napaści.

– Ten człowiek pragnie pokoju – zwrócił się do tłumu namiestnik.

Ktoś z boku odezwał się:

– Kupcy chcą pokoju. Kapłani pragną pokoju. Namiestnicy zabiegają o pokój. Ale wojsko chce jednego – wojny!

– Nie widzicie, że zdołaliśmy oprzeć się religijnemu zagrożeniu z Izraela bez wojny? – krzyknął namiestnik. – Nie wysłaliśmy ani wojska ani floty, lecz Jezabel. Teraz oni oddają cześć Baalowi, a my nie poświęciliśmy w tym celu życia ani jednego z naszych wojowników.

– Ale Asyryjczycy nie wysłali pięknej kobiety lecz swoje wojska! – przekrzyczał go kapłan.

Lud domagał się śmierci pojmanego. Namiestnik schwycił kapłana za ramię.

– Usiądź – wyszeptał. – Posuwasz się za daleko.

– Publiczny sąd był twoim pomysłem. Albo raczej pomysłem izraelskiego zdrajcy, który zdaje się dyktować posunięcia namiestnikowi Akbaru.

– Później się z nim rozmówię. Teraz musimy się dowiedzieć, czego chce ten Asyryjczyk. Przez wiele pokoleń władcy siłą narzucali swoją wolę, nie biorąc pod uwagę tego, co myśli lud i w końcu doprowadzili do upadku te imperia. Nasz naród stał się potężny, bo my, panujący, nauczyliśmy się go słuchać. Rozwinęliśmy handel, zważając na potrzeby innych i starając się je zaspokoić. Owocem tego jest nasz dobrobyt.

Kapłan pokiwał głową.

– Twe słowa zdają się roztropne, a to jest największe niebezpieczeństwo. Gdybyś mówił głupio, byłoby łatwo udowodnić ci błąd. Ale to, co mówisz, jest pułapką.

Ludzie stojący najbliżej byli świadkami tej wymiany zdań. Dotąd namiestnik zawsze starał się brać pod uwagę opinię Rady i Akbar miał wspaniałą reputację. Tyr i Sydon słali emisariuszy, aby podpatrywali, na czym polega sekret doskonałego funkcjonowania miasta. Imię namiestnika dotarło już do uszu władcy i przy odrobinie szczęścia mógł dożyć reszty swych dni jako minister dworu. Dziś jego autorytet został publicznie wystawiony na próbę. Wiedział, że jeśli szybko nie zacznie działać, straci szacunek mieszkańców i nigdy już nie będzie mógł podjąć żadnej ważnej decyzji, bo nie znajdzie posłuchu u poddanych.

– Mów dalej – zwrócił się do jeńca, nie zwracając uwagi na wściekłe spojrzenie kapłana.

– Przychodzę z propozycją: wy pozwolicie nam przejść przez miasto, a my pójdziemy dalej na Tyr i Sydon. Gdy je pokonamy – a z pewnością tak się stanie, bo większość ich wojsk pływa na okrętach doglądając handlu – obejdziemy się łagodnie z Akbarem, a ciebie pozostawimy przy władzy.

– Widzicie? – odezwał się kapłan, wstając z miejsca. – Sądzą, że nasz namiestnik za swój urząd zdolny jest oddać honor Akbaru!

Tłum zaczął ryczeć z wściekłości. Ten ranny, na wpół nagi jeniec ośmiela się dyktować im swoje warunki! Pokonany proponuje miastu złożenie broni. Niektórzy podnieśli się, gotowi do skoku. Strażnicy z trudem opanowali sytuację.

– Zaczekajcie! – starał się przekrzyczeć wszystkich namiestnik. – Stoi przed nami bezbronny człowiek, więc czym nas może przestraszyć? Wiemy, że nasi żołnierze są lepiej przygotowani i waleczniejsi. Nikomu nie musimy tego udowadniać. Jeśli zdecydujemy się walczyć, zwyciężymy, ale straty będą ogromne.

Eliasz zamknął oczy i zaczął się modlić o to, by namiestnikowi udało się przekonać lud.

– Nasi przodkowie zachwycali się egipskim imperium, ale te czasy już minęły – ciągnął namiestnik. – Znów nastał złoty wiek, nasi ojcowie i dziadowie żyli w pokoju. Dlaczego mamy toczyć wojnę? Dziś walczy się za pomocą pieniądza, a nie na polu bitwy.

Tłum powoli się uciszał. Szala zwycięstwa zaczęła przechylać się na stronę namiestnika, który zwrócił się do jeńca:

– Twoja propozycja nas nie zadowala. Musicie

zapłacić podatki, jakie zwykle płacą kupcy, którzy przemierzają nasze ziemie.

– Wierz mi, przegracie – odparł Asyryjczyk. – Mamy dość żołnierzy, by zrównać to miasto z ziemią i wyciąć w pień wszystkich jego mieszkańców. Od dawna żyjecie w pokoju i nie potraficie walczyć, my zaś wyruszyliśmy na podbój świata.

Ludzie zaszemrali. „Namiestnik nie może pokazać, że się waha" – pomyślał Eliasz. Jednak niełatwo było pertraktować ze skrępowanym więźniem, dyktującym warunki. Z minuty na minutę ścisk stawał się coraz większy. Eliasz spostrzegł, że nawet kupcy porzucili swoje zajęcia i zaniepokojeni przyglądali się rozwojowi wydarzeń. Sprawa przybrała niebezpieczny obrót – nie można już było się wycofać, tylko albo pójść na rokowania albo na śmierć.

Zdania były podzielone: jedni bronili pokoju, drudzy domagali się wojny. Namiestnik odezwał się półgłosem do kapłana:

– Ten człowiek publicznie rzucił mi wyzwanie, ale ty również to zrobiłeś.

W odpowiedzi kapłan, szeptem, tak aby nikt go nie mógł usłyszeć, zażądał natychmiastowego wyroku śmierci dla Asyryjczyka:

– Nie proszę, lecz żądam. To ja wspieram twoją władzę i mogę ci ją odebrać w każdej chwili, zrozumiałeś? Wiem, co ofiarować bogom, by odwrócić ich gniew, który wybuchnie, gdy trzeba będzie zastąpić rządzący ród. I nie stanie się to po raz pierwszy. Nawet w Egipcie, państwie, które przetrwało tysiąclecia, wiele dynastii straciło tron. A mimo to świat nadal istnieje, a niebo nie runęło na nasze głowy.

Namiestnik pobladł.

– Dowódca garnizonu stoi w tłumie z częścią swej armii – ciągnął kapłan. – Jeśli będziesz obstawał przy rokowaniach z tym człowiekiem, ogłoszę wszem i wobec, że bogowie cię opuścili. I zostaniesz pozbawiony swej godności. A teraz ogłosisz wyrok i będziesz robił to, co ci każę.

Gdyby Eliasz stał w zasięgu wzroku, namiestnik miałby jeszcze jakieś wyjście – poprosiłby izraelskiego proroka, by oświadczył, że widział anioła na szczycie Piątej Góry. Przypomniałby historię wskrzeszenia syna wdowy. I byłoby to słowo Eliasza, człowieka, który dowiódł, że może czynić cuda, przeciw słowom człowieka, który nigdy nie dowiódł swej nadprzyrodzonej mocy.

Ale Eliasz go opuścił i teraz namiestnik nie miał wyboru. Asyryjczyk zresztą był zwykłym jeńcem, a żadne wojsko nie wszczyna wojny z powodu utraty jednego żołnierza.

– Tym razem wygrałeś – rzekł namiestnik do kapłana. – Pewnego dnia zażądam rewanżu.

Kapłan skinął głową. W chwilę potem ogłoszono wyrok.

– Niechaj nikt nie waży się rzucać wyzwania Akbarowi – odezwał się namiestnik. – Nikt nie wejdzie do tego miasta bez zgody jego mieszkańców. Ty starałeś się to zrobić – dlatego skazuję cię na śmierć.

Eliasz spuścił wzrok. Po twarzy dowódcy garnizonu przemknął uśmiech.

W asyście coraz bardziej gęstniejącego tłumu jeńca wyprowadzono poza mury miasta. Tam zdarto zeń resztki odzienia i pozostał nagi. Jeden z żołnierzy zepchnął go do fosy. Ludzie oblegli zagłębienie, przepychając się, by lepiej widzieć.

– Wojownik z dumą nosi swój mundur i ma odwagę stanąć przed wrogiem. Szpieg zaś kryje się, wdziewa szaty niewieście, bo jest tchórzem! – zawołał namiestnik tak głośno, by wszyscy mogli go usłyszeć. – Dlatego opuścisz to życie niegodnie, jak tchórz.

Tłum wygwizdał skazańca i przyjął oklaskami słowa namiestnika.

Jeniec mówił coś jeszcze, ale nie było już tłumacza i nikt go nie rozumiał. Eliaszowi udało się przedrzeć przez ciżbę, lecz gdy dotarł do namiestnika było już za późno. Dotknął jego płaszcza, ale został odepchnięty.

– To twoja wina – rzekł namiestnik. – To ty chciałeś publicznego sądu.

– To twoja wina – odparł Eliasz. – Nawet gdyby posiedzenie Rady Akbaru było tajne, kapłan i dowódca garnizonu postawiliby na swoim. Straże stały przy mnie w czasie całego procesu. Wszystko było z góry ukartowane.

Wedle tradycji to kapłan decydował o tym jak długo skazaniec będzie umierał, więc kapłan schylił się, podniósł z ziemi kamień i podał go namiestnikowi. Kamień nie był ani dość duży, by sprowadzić szybką śmierć, ani na tyle mały, by przedłużać cierpienie w nieskończoność.

– Rzuć pierwszy.

– Zostałem do tego zmuszony – odezwał się cicho namiestnik, tak aby słyszał go tylko kapłan. – Ale wiem, że to błędna droga.

– Przez wszystkie lata kazałeś mi brać na siebie najtrudniejsze decyzje, podczas gdy sam ciągnąłeś zyski z decyzji, które ludowi się podobały – odparł kapłan równie cicho. – Gnębiły mnie wątpliwości i poczucie winy, straszyły mnie jak widma, podczas bezsennych nocy wszystkie ewentualne błędy. Ale nie byłem tchórzem i dlatego dziś Akbar jest miastem, któremu zazdrości cały świat.

Ludzie ruszyli na poszukiwanie kamieni. Jakiś czas słychać było jedynie stukot tłuczonych o siebie kawałków skał. Kapłan ciągnął dalej:

– Mogę się mylić, skazując tego człowieka na śmierć. Ale mam pewność, że miasto ocaliło honor. Nie jesteśmy zdrajcami.

Namiestnik podniósł rękę i pierwszy rzucił kamieniem – skazaniec zachwiał się. Zaraz potem, tłum, wśród krzyków i gwizdów, zaczął go kamienować. Asyryjczyk próbował osłonić twarz rękoma, kamienie uderzały go w pierś, plecy, brzuch. Namiestnik chciał odejść. Wiele razy oglądał już takie widowisko. Wiedział, że śmierć będzie powolna i pełna bólu, że głowa skazańca zamieni się w krwistą maź, że ludzie będą rzucać kamieniami nawet wtedy, gdy duch już opuści jego ciało. Jeśli skazaniec za życia był dobrym człowiekiem, bogowie miłosiernie skierują jeden z kamieni w jego czoło i straci świadomość. Jeśli był okrutny, pozostanie przytomny do ostatniej chwili.

Rozwrzeszczany tłum rzucał kamieniami z rosnącą wściekłością. Skazaniec próbował się bronić. Nagle rozłożył ramiona i zakrzyknął w języku, który rozumieli. Zaskoczeni ludzie znieruchomieli.

– Niech żyje Asyria! – zawołał. – W tej chwili staje mi przed oczami obraz mojego ludu i umieram szczęśliwy, ginę bowiem jako dobry wódz, który chciał ocalić życie swoich żołnierzy. Idę na spotkanie z bogami i przepełnia mnie radość, bo wiem, że podbijemy tę ziemię!

– Widzisz? – odezwał się kapłan. – Słyszał i rozumiał całą naszą rozmowę podczas sądu!

Namiestnik przytaknął. Skazaniec mówił ich językiem i wiedział, że nie ma jednomyślności w Radzie Akbaru.

– Nie idę do piekła, a wizja mego kraju dodaje mi sił i godności. Wizja mego kraju przepełnia mnie radością! Niech żyje Asyria! – zawołał raz jeszcze.

Tłum, otrząsnąwszy się z przerażenia, znów zaczął rzucać kamienie. Mężczyzna stał z rozpostartymi szeroko ramionami, przestał się bronić – był walecznym żołnierzem. W chwilę później łaska bogów dała znać o sobie – jeden z kamieni trafił go prosto w czoło i stracił przytomność.

– Możemy już odejść – odezwał się kapłan. – Lud Akbaru dopełni reszty.

Eliasz nie wrócił do domu wdowy. Błąkał się po okolicy, nie wiedząc, dokąd iść.

– Pan nic nie zrobił – mówił w myślach do roślin i kamieni. – A przecież mógł temu zapobiec.

Żałował swej decyzji i obwiniał się za śmierć jeszcze jednego człowieka. Gdyby zgodził się na tajną naradę Rady Akbaru, namiestnik mógłby go zabrać ze sobą – wtedy byłoby ich dwu przeciw kapłanowi i dowódcy. Szanse na wygraną mieliby znikome, ale zawsze większe niż podczas publicznego procesu.

Eliaszem wstrząsnęła przebiegłość, z jaką kapłan grał na uczuciach tłumu. Nawet jeśli się z nim nie zgadzał, musiał przyznać, że ten człowiek miał dogłębną znajomość tego, jak zawładnąć ludźmi. Starał się zapamiętać każdy szczegół tego widowiska, by wykorzystać naukę, kiedy w Izraelu zmierzy się z królem i sydońską księżniczką.

Włóczył się bez celu, przyglądając się górom, miastu i odległemu obozowisku wroga. Sam był zaledwie punkcikiem w dolinie, a wokół rozciągał się bezkresny świat – świat tak wielki, że choćby wędrował całe życie nie zdołałby dotrzeć do jego krańca. Jego przyjaciele i wrogowie być może lepiej pojmowali świat, w którym żyli mogli przemierzać odległe kraje, pływać po nieznanych morzach, kochać bez winy. Nikt z nich nie słuchał już aniołów z dzieciństwa, ani nie ofiarowywał się walczyć w imię Boga. Żyli chwilą i czuli się szczęśliwi.

Eliasz nie różnił się od innych i chodząc po dolinie pomyślał, że wiele by dał, by nigdy już nie słyszeć głosu Pana i Jego aniołów.

Ale życie nie składa się z pragnień, lecz z czynów. Przypomniał sobie, ile razy próbował porzucić swą misję, a jednak był tutaj, w tej dolinie, bo tak chciał Pan.

„Boże mój, mogłem być zwykłym cieślą i też służyłbym Twemu dziełu". Jednak wypełniał zamysły Boga, dźwigając na sobie ciężar zbliżającej się wojny, rzezi proroków rozpętanej przez Jezabel, ukamienowania asyryjskiego wodza i lękając się miłości do akbarskiej kobiety. Otrzymał od Pana dar, ale nie wiedział, co z nim począć.

W dolinie pojawiła się jasność. Nie był to jego anioł stróż, którego rzadko widując, często słuchał. Był to anioł Pański, który przybył, by go pocieszyć.

– Nic tu po mnie – powiedział Eliasz. – Kiedy wrócę do Izraela?

– Gdy nauczysz się odbudowywać – odparł anioł. – I pamiętaj o tym, co Bóg rzekł do Mojżesza przed bitwą. Ciesz się każdą chwilą, abyś potem nigdy nie żałował, że utraciłeś młodość. Każdemu etapowi życia Pan przypisał właściwe mu niepokoje.

Pan rzekł do Mojżesza:

Zaczynacie dzisiaj walkę przeciw wrogom waszym, niech trwoga przed nimi was nie ogarnia! Niech serce wam nie drży! Nie bójcie się, nie lękajcie się!

Kto z was zasadził winnicę, a nie zebrał jej owoców, niech wraca do domu, bo mógłby zginąć na wojnie, a kto inny by zebrał jej owoce. Kto kobietę pokochał, a jeszcze jej nie sprowadził do siebie, niech wraca do domu, bo mógłby zginąć na wojnie, a kto inny by ją sprowadził do siebie.

Eliasz szedł jeszcze czas jakiś, starając się zrozumieć usłyszane słowa, a gdy zawrócił do miasta zauważył ukochaną kobietę siedzącą u stóp Piątej Góry.

„Cóż ona tam robi? Czyżby wiedziała już o sądzie, wyroku śmierci i o ryzyku, na które się narażamy?"

Musiał ją jak najszybciej ostrzec. Zaczął iść do niej. Spostrzegła go i zamachała ręką na powitanie. Eliasz jakby już nie pamiętał słów anioła, bo zaczął się znów niepokoić. Starał się wyglądać na pochłoniętego sprawami miasta, by kobieta nie dostrzegła zamętu panującego w jego sercu i głowie.

— Co tu robisz? — spytał, podchodząc do niej.

— Przyszłam szukać natchnienia. Pismo, którego się uczę, sprawia, że myślę o Ręce, która stworzyła te doliny, góry i moje miasto Akbar. Kupcy dali mi różne kolory tuszu i chcą, żebym dla nich pisała dokumenty. Ja natomiast chciałabym opisać świat, który mnie otacza, ale to bardzo trudne, nawet jak ma się kolory, bo tylko Pan potrafi łączyć barwy harmonijnie.

Utkwiła wzrok w Piątej Górze. Była teraz zupełnie inną kobietą, niczym nie przypominała tej, którą spotkał przed kilkoma miesiącami, gdy zbierała drewno na opał u bram miasta. Jej samotność na pustkowiu wzbudziła w nim szacunek i zaufanie.

– Dlaczego wszystkie inne góry mają swoje nazwy za wyjątkiem Piątej Góry, której nadano tylko numer? – spytał Eliasz.

– Aby nie wywoływać waśni wśród bogów – rzekła. – Tradycja mówi, że jeśli człowiek nazwałby tę górę imieniem jednego z bogów, inni, rozzłoszczeni tym, zniszczyliby Ziemię. Dlatego nazywamy ją Piątą Górą, bo zza murów widać ją jako piątą z kolei. W ten sposób nikogo nie obrażamy i Wszechświat trwa nieporuszenie na swym miejscu.

Przez jakiś czas oboje milczeli. Kobieta pierwsza przerwała ciszę:

– Myślę nie tylko o barwach, ale też o niebezpieczeństwie, jakie niesie pismo z Byblos. Może ono obrazić fenickich bogów i Pana, naszego Boga.

– Istnieje tylko Bóg – przerwał jej Eliasz. – A wszystkie cywilizowane kraje mają swoje pismo.

– Ale to jest inne. Gdy byłam dzieckiem, często chodziłam na plac podpatrywać jak malarz słów wykonywał prace na zlecenie kupców. Jego rysunki, wzorowane na piśmie egipskim, wymagały nielada zręczności i wiedzy. Nie ma już dawnego potężnego Egiptu, a dzisiejszemu brak pieniędzy na kupno towarów, dlatego nikt nie używa jego języka. Żeglarze tyryjscy i sydońscy rozpowszechniają po całym świecie pismo z Byblos. Święte słowa

i obrzędy można teraz zapisać na glinianych tabliczkach i przekazać innym narodom. Co stanie
się z nami, jeśli ludzie bez skrupułów zaczną wy-
korzystywać rytualne obrzędy, by zmieniać
Wszechświat?

Eliasz rozumiał, o czym mówiła. Pismo z Byblos oparte było na bardzo prostym systemie – wystarczyło zamienić egipskie rysunki na dźwięki
i przypisać każdemu z nich literę. Zestawiając te litery w porządku, można było tworzyć wszelkie
możliwe słowa i opisać wszystko, co istniało we
Wszechświecie.

Niektóre z tych dźwięków były bardzo trudne
do wymówienia, dlatego Grecy do dwudziestu kilku liter z Byblos dodali pięć, zwanych samogłoska-
mi i całość ochrzcili mianem *alfabetu*. Pod taką
właśnie nazwą znano tę nową formę pisma.

Ułatwiało ono znacznie kontakty handlowe
między różnymi kulturami. Pismo egipskie wyma-
gało dużo miejsca i wiele zręczności, by w nim wy-
razić myśli oraz głębokiej wiedzy, by je odczytać.
Narzucone zostało podbitym ludom, ale nie przetrwało upadku imperium. Natomiast system z Byblos rozprzestrzeniał się niezwykle szybko po całym świecie, a to że się przyjęło nie zależało od go-
spodarczej potęgi Fenicji.

Metoda z Byblos przejęta przez Greków dobrze
służyła kupcom różnych narodowości, a to przecież
oni od najdawniejszych czasów decydowali o tym,
co winno przetrwać w Historii, a co zniknąć wraz
ze śmiercią królów czy innych ważnych osobistości.
Wszystko wskazywało na to, że fenicki wynalazek
stanie się obowiązującym językiem w handlu
i przetrwa znacznie dłużej niż feniccy żeglarze, kró-

lowie, uwodzicielskie księżniczki, właściciele winnic i szklarscy mistrzowie.

– Czy Bóg zniknie ze słów? – spytała kobieta.

– Pozostanie w nich na zawsze – odparł Eliasz.

– Ale każdy z nas będzie przed Nim odpowiadał za wszystko, co napisze.

Wyjęła z zanadrza glinianą tabliczkę z jakimś napisem.

– Co to znaczy? – zapytał Eliasz.

– To słowo *miłość*.

Eliasz trzymał tabliczkę w dłoniach, ale brakło mu odwagi, by zapytać, dlaczego mu ją wręczyła. Kilka znaków na tym kawałku gliny kryło w sobie powód, dla którego gwiazdy świecą na niebie, a ludzie przemierzają ziemię wzdłuż i wszerz.

Uczynił gest, jakby chciał jej oddać tabliczkę, lecz odmówiła.

– Napisałam to dla ciebie. Wiem jaki jesteś odpowiedzialny, wiem że pewnego dnia będziesz musiał odejść i staniesz się wrogiem mego kraju, bo pragniesz zniszczyć Jezabel. Być może będę stać wtedy u twego boku, dając ci siłę i oparcie. Ale może też się zdarzyć, że będę walczyć przeciw tobie, bo w żyłach Jezabel płynie krew mego narodu. To słowo, które teraz trzymasz w dłoniach, to tajemne słowo. I nikt nie jest w stanie zrozumieć, co ono budzi w sercu kobiety – nawet prorocy, którzy rozmawiają z Bogiem.

– Znam dobrze to słowo – odparł Eliasz, chowając tabliczkę pod okryciem. – Walczyłem z nim we dnie i w nocy, bo choć nie wiem, co ono budzi w sercu kobiety, wiem, co czyni z mężczyzną. Mam w sobie dość odwagi, by stawić czoła królowi Izraela, sydońskiej księżniczce, Radzie Akbaru, lecz to jedno słowo – *miłość* – napawa mnie wszechogarniającym lękiem. Zanim jeszcze je wyryłaś na tej tabliczce, twoje oczy wypisały je w moim sercu.

Oboje zamilkli. Śmierć Asyryjczyka, wzrastające napięcie w mieście, Pan, który mógł go w każdej chwili przywołać, wszystko to nie miało mocy równej temu słowu.

Eliasz wyciągnął dłoń, a ona wzięła ją w swoją. I tak stali w bezruchu do chwili, gdy słońce skryło się za Piątą Górą.

– Dziękuję ci – odezwała się w drodze powrotnej. – Od dawna chciałam spędzić z tobą wieczór.

W domu czekał już na nich posłaniec z poleceniem, by Eliasz stawił się u namiestnika bez zwłoki.

– Za moje wsparcie odpłaciłeś mi tchórzostwem – odezwał się namiestnik. – Co mam zrobić z twoim życiem?

– Nie będę żył ani sekundy dłużej ponad to, co zamierzył Bóg – odparł Eliasz. – To On decyduje, nie ty.

Namiestnika zadziwiła śmiałość Eliasza.

– Mogę ci ściąć głowę choćby zaraz. Albo też zrównać twe prochy z ziemią tego miasta, tłumacząc, że ściągnąłeś przekleństwo na nasz kraj – powiedział. – I nie będzie to decyzja twego Boga Jedynego.

– Stanie się to, co jest mi pisane. Ale pragnę, byś wiedział, że nie uciekłem. Dowódca nie pozwolił mi podejść do ciebie. To on chce wojny i jest gotów na wszystko, by osiągnąć swój cel.

Namiestnik przerwał ten bezowocny spór. Chciał izraelskiemu prorokowi wyjawić swój plan.

– Mylisz się. Dowódca garnizonu nie pragnie

wojny. Jako wytrawny żołnierz wie, że nasze wojsko jest słabsze, brak mu doświadczenia i wróg je zdziesiątkuje z łatwością. To człowiek honoru i wie także, że naraża na hańbę swój ród. Jednak zaślepia go duma i próżność.

Sądzi, że wróg się boi. Nie wie, że żołnierze asyryjscy są dobrze wyćwiczeni. Gdy zaciągają się do wojska zasadzają nasiona drzew i codziennie skaczą ponad miejscem, gdzie je zasadzili. Nasiona kiełkują, kiełki stają się pędami, oni skaczą ponad nimi. Nie nużą się i nie uważają tego za stratę czasu. Powoli drzewa wyrastają, a wojownicy skaczą coraz wyżej. W ten sposób cierpliwie i z oddaniem przygotowują się na przeciwności wojaczki.

Nie boją się podjąć wyzwania. Nas obserwują już od miesięcy.

– Więc komu zależy na wojnie? – przerwał Eliasz namiestnikowi.

– Kapłanowi. Zrozumiałem to podczas sądu nad asyryjskim jeńcem.

– Ale dlaczego?

– Nie wiem. Jest na tyle przebiegły, że zdołał przekonać dowódcę i lud. Teraz całe miasto stoi po jego stronie, a ja widzę tylko jedno rozwiązanie.

Zamilkł i utkwił wzrok w Izraelicie:

– Ty jesteś tym rozwiązaniem.

Zaczął chodzić tam i z powrotem, mówił szybko, nerwowo.

– Kupcy też pragną pokoju, ale nic nie mogą zdziałać. Poza tym dość się wzbogacili, aby przenieść się ze swymi towarami do innego miasta lub czekać, aż najeźdźcy zaczną od nich kupować. Reszta mieszkańców postradała rozum i chce, byśmy zaatakowali o wiele silniejszego wroga. Jedynie cud może ich przekonać.

Eliasz zamarł.

– Cud?

– Wskrzesiłeś chłopca, którego zabrała śmierć. Pomagałeś ludziom w kłopotach i choć jesteś cudzoziemcem, niemal wszyscy cię kochają.

– Tak było do dziś – odezwał się Eliasz. – Teraz wszystko się zmieniło. Jeżeli jest tak, jak sam to przed chwilą opisałeś, każdy kto broni pokoju zostanie uznany za zdrajcę.

– Nie chodzi o obronę czegokolwiek. Chcę, żebyś dokonał cudu tej miary, co wskrzeszenie chłopca. Wtedy powiesz mojemu ludowi, że pokój jest jedynym rozwiązaniem i oni ci uwierzą a kapłan straci władzę.

Po chwili ciszy namiestnik ciągnął dalej:

– Gotów jestem pójść z tobą na ugodę. Jeśli spełnisz tę prośbę, wiara w twojego Boga będzie jedyną panującą w Akbarze. Ty uradujesz Tego, któremu służysz, a ja zacznę negocjować warunki pokoju.

Eliasz wrócił do swej izby. Miał okazję, jakiej nie dano nigdy przedtem żadnemu innemu prorokowi – mógł nawrócić całe fenickie miasto. W ten sposób najdotkliwiej ugodziłby Jezabel za to, co uczyniła w jego kraju.

Był poruszony propozycją namiestnika. Chciał nawet zbudzić kobietę śpiącą na dole, ale w końcu zmienił zdanie. Na pewno śniła o pięknym wieczorze, który spędzili razem.

Wezwał swego anioła.

– Słyszałeś warunki namiestnika? – zwrócił się do niego Eliasz. – To jedyna szansa.

– Nic nie jest jedyną szansą – odparł anioł. – Pan ofiarowuje człowiekowi wiele sposobności w życiu. Poza tym, przypomnij sobie to, co zostało ci powiedziane: Nie będziesz mógł czynić cudów, dopóki nie wrócisz do ojczyzny.

Eliasz pochylił głowę. W tym momencie zjawił się anioł Pański, a anioł stróż zamilkł.

– Oto cud, którego dokonasz: zgromadzisz cały lud u stóp góry. Nakażesz by z jednej strony wznieśli ołtarz Baalowi i złożyli w ofierze cielca. Z drugiej strony ty wzniesiesz ołtarz Panu, twemu Bogu i też ofiarujesz cielca.

Powiesz czcicielom Baala: Wzywajcie imienia waszego boga, a ja wzywać będę imienia Pana. Pozwolisz, by uczynili to pierwsi. I cały ranek modlić się będą i błagać, aby Baal zstąpił i przyjął ofiarę.

Wołać będą w głos, kaleczyć będą się swymi sztyletami, i błagać będą, by bóg przyjął ofiarę, ale nic się nie zdarzy.

A gdy się już zmęczą, napełnisz wodą cztery dzbany i wylejesz na twego cielca. Uczynisz to po raz wtóry i po raz trzeci. Potem wezwiesz Boga Abrahama, Izaaka i Izraela, błagając, by okazał wszystkim swą potęgę.

Wtedy Pan ześle ogień z niebios, który strawi twą ofiarę.

Eliasz ukląkł i zaczął składać dzięki.

– Jednak zważ, że taki cud możesz uczynić raz tylko za swego życia – rzekł anioł Pański. – Wybieraj, czy dokonasz go teraz, aby uniknąć walki, czy w twej ziemi, aby uwolnić lud twój spod jarzma Jezabel.

To rzekłszy, anioł Pański zniknął.

Kobieta, zbudziwszy się wcześnie rano, zobaczyła Eliasza siedzącego na progu domu. Miał zapadnięte głęboko oczy, jakby w ogóle nie spał.

Chciała zapytać, co się wydarzyło minionej nocy, lecz bała się odpowiedzi. Być może nie spał z powodu rozmowy z namiestnikiem i z obawy przed wojną, ale powodem mogła też być gliniana tabliczka, którą mu wręczyła. Rozpoczynając rozmowę, mogła usłyszeć, że miłość kobiety nie mieści się w Boskim zamyśle.

– Chodźmy jeść – to były jej jedyne słowa.

Chłopiec również się zbudził. Usiedli we troje do stołu.

– Chciałem wczoraj zostać z tobą – odezwał się Eliasz. – Ale namiestnik mnie potrzebował.

– Nie martw się o niego – odrzekła mu, czując jak uspokaja się jej serce. – Będzie wiedział, co czynić, gdy zagrożenie nadejdzie. Jego ród panuje nad Akbarem od wielu pokoleń.

– Rozmawiałem również z aniołem. Zażądał ode mnie podjęcia bardzo trudnej decyzji.

– Aniołami również nie powinieneś się niepokoić. Może lepiej byłoby uwierzyć, że wraz z upływem czasu zmieniają się i bogowie. Moi przodkowie czcili egipskich bogów pod postaciami zwierząt. Ci bogowie odeszli. Zanim ty przybyłeś, oddawałam cześć – tak jak mnie nauczono – Asztarte, Elowi, Baalowi i innym mieszkańcom Piątej Góry. Teraz poznałam Pana, ale być może, On też pewnego dnia nas opuści, a kolejni bogowie będą mniej wymagający.

Chłopiec chciał pić, lecz nie było już wody w dzbanie.

– Ja pójdę do studni – odezwał się Eliasz.

– Pójdę z tobą – poprosił chłopiec.

Po drodze minęli miejsce, gdzie dowódca garnizonu od samego świtu ćwiczył swych żołnierzy.

– Popatrzmy trochę – odezwał się syn wdowy. – Gdy dorosnę, zostanę żołnierzem.

Eliasz zgodził się.

– Który z nas jest najlepszy w walce na miecze? – pytał jeden z żołnierzy.

– Idź tam, gdzie wczoraj ukamienowano szpiega – odezwał się dowódca. – Weź duży kamień i zelżyj go.

– Po cóż mam to uczynić? Przecież kamień mi nie odpowie.

– To zamierz się na niego mieczem.

– Mój miecz się złamie – odezwał się żołnierz. – Nie takie było moje pytanie. Chciałem wiedzieć, kto z nas jest najlepszy w walce na miecze.

– Najlepszy jest ten, kto jest jak kamień – odpowiedział dowódca. – Nie musi nawet dobywać miecza, i bez tego wszyscy wiedzą, że jest niepokonany. „Namiestnik ma rację. Dowódca garnizonu jest mądrym człowiekiem – pomyślał Eliasz. – Ale i największą mądrość może przyćmić pycha".

Poszli dalej. Chłopiec spytał, dlaczego żołnierze, tyle ćwiczą.

– Nie tylko żołnierze, również twoja matka, ja i wszyscy ci, którzy podążają za głosem serca. Wszystko w życiu wymaga ćwiczeń.

– Żeby zostać prorokiem też trzeba ćwiczyć?

– Nawet żeby rozumieć anioły. Tak bardzo pragniemy z nimi rozmawiać, że często nie słyszymy, co do nas mówią. Niełatwo jest słuchać. W naszych modlitwach wciąż wykręcamy się, że zbłądziliśmy i wciąż upraszamy, żeby działo się to, czego my chcemy. Ale Pan to wszystko wie i czasem prosi nas tylko, byśmy posłuchali tego, co mówi nam Wszechświat. I byśmy byli cierpliwi.

Chłopiec popatrzył na proroka zaskoczony. Pewnie niewiele rozumiał, ale mimo to Eliasz czuł potrzebę tej rozmowy. Być może, gdy dorośnie, jakieś wypowiedziane teraz słowo pomoże mu wybrnąć z tarapatów.

– Wszystkie bitwy naszego życia czegoś nas uczą, nawet te, które przegraliśmy. Kiedy dorośniesz odkryjesz, że stawałeś w obronie kłamstwa, oszukiwałeś sam siebie i cierpiałeś z powodu błahostek. Jeśli staniesz się dobrym wojownikiem, nie będziesz siebie o to obwiniał, ale nie pozwolisz również, by to się powtórzyło.

Zamilkł. Chłopiec w tym wieku nie mógł przecież pojąć tych słów. Szli powoli. Eliasz przyglądał się ulicom miasta, które przygarnęło go pewnego dnia, a teraz było bliskie upadku. Wszystko zależało od jego decyzji.

Akbar był cichszy niż zwykle. Na głównym placu ludzie rozmawiali półgłosem, jakby obawiając się, że wiatr poniesie ich słowa do asyryjskiego obozu. Starcy zapewniali, że nic złego się nie wydarzy, młodych ożywiała perspektywa walki, kupcy i rzemieślnicy planowali, że wyjadą do Tyru i Sydonu, by przeczekać czas niepokoju.

„Im łatwo jest odejść – pomyślał. – Kupcy mogą przewieźć swoje towary na drugi kraniec świata. Rzemieślnicy mogą pracować nawet tam, gdzie mówi się obcym językiem, a ja muszę czekać na przyzwolenie Pana".

Doszli do studni i napełnili wodą dwa dzbany. Zwykle było tu gwarnie: kobiety prały, farbowały tkaniny i plotkowały o wszystkim, co wydarzyło się w mieście. Sekret, który dotarł do studni, stawał się publiczną tajemnicą: nowinki handlowe, zdrady małżeńskie, waśnie sąsiedzkie, życie osobiste władców, wszelkie sprawy – ważkie czy błahe – tam były roztrząsane, krytykowane lub chwalone. Nawet gdy nieprzyjaciel był tuż tuż, Jezabel – księżniczka która podbiła serce króla Izraela – była ulubionym tematem. Wychwalano jej dzielność i odwagę. Panowało przekonanie, że gdyby coś stało się miastu, ona wróci, by pomścić jego mieszkańców.

Jednak tego ranka nie było tu niemal nikogo. Parę kobiet mówiło o tym, że trzeba zebrać z pól jak najwięcej zboża, bo Asyryjczycy wkrótce oblegną bramy miasta. Dwie z nich zamierzały pójść pod Piątą Górę z ofiarami dla bogów – nie chciały, aby ich synowie zginęli w walce.

– Kapłan twierdzi, że możemy bronić się przez wiele miesięcy – zwróciła się do Eliasza jedna z kobiet. – Trzeba nam tylko odwagi, by bronić honoru Akbaru, a bogowie nam dopomogą.

Chłopiec przeląkł się.

– Czy wróg nas zaatakuje? – zapytał.

Eliasz nie odpowiedział. Tak jak wyjawił mu anioł poprzedniej nocy, wszystko zależało od wyboru jakiego dokona.

– Boję się – powtórzył chłopiec.

– To dowód, że kochasz życie. Każdy czasem się boi.

Eliasz z chłopcem wrócili do domu jeszcze przed południem. Zastali kobietę otoczoną małymi naczynkami z różnokolorowym tuszem.

– Muszę pracować – powiedziała, przyglądając się niedokończonym literom i zdaniom. – Z powodu suszy jest mnóstwo pyłu w powietrzu. Pędzle są ciągle brudne, tusz gęstnieje i trudno pisać.

Chłopiec wyszedł bawić się z rówieśnikami. Eliasz milczał. Nie chciał dzielić z nią swych obaw. Usiadł w kącie i zatopił się w myślach.

„Potrzebuje spokoju" – pomyślała kobieta i starała skupić się na swej pracy.

Całe przedpołudnie wypisywała kilka słów, przeznaczając na to dwa razy więcej czasu niż zazwyczaj. Poczuła się winna, że nie spełnia pokładanych w niej oczekiwań. Przecież po raz pierwszy w życiu miała szansę utrzymać swoją rodzinę.

Wróciła do pracy. Pisała na papirusie przywiezionym z Egiptu przez pewnego kupca, chcącego, by wykonała dla niego kilka zapisów handlowych, które musiał przesłać do Damaszku. Papirus nie był najlepszej jakości i tusz wciąż się na nim rozlewał. Jednak mimo wszystko było to lepsze niż rycie w glinie.

Sąsiednie kraje zazwyczaj przesyłały wiadomości na glinianych tabliczkach albo na skórze zwierząt. Choć Egipt chylił się ku upadkowi, a jego pismo było przestarzałe, to jednak zdołano tam odkryć praktyczny i lekki materiał do zapisywania transakcji handlowych i dziejów. Cięto na paski różnej grubości roślinę rosnącą na brzegach Nilu i w prosty sposób sklejano kilka warstw, otrzymując żółtawy zwój. Akbar musiał importować papirus, bo nie rósłby w dolinie. Choć był drogi, kupcy woleli go od glinianych tabliczek czy pergaminu, które ciążyły w sakwach.

„Wszystko staje się prostsze – pomyślała. – Szkoda tylko, że wciąż potrzeba zgody władcy na używanie alfabetu z Byblos na papirusie". Jakiś przestarzały przepis nakazywał przedstawianie do cenzury Rady Akbaru wszelkich pisanych tekstów.

Skończywszy pracę, pokazała ją Eliaszowi, cały czas przyglądającemu się jej w milczeniu.

– Podoba ci się? – zapytała.

– Tak, piękne – odpowiedział, jakby wyrwany z transu.

Pewnie rozmawiał z Panem. Nie chciała mu przerywać i poszła poszukać kapłana.

Kiedy z nim wróciła, Eliasz wciąż siedział w tym samym miejscu. Obaj mężczyźni zmierzyli się wzrokiem. Przez dłuższą chwilę milczeli.

Kapłan odezwał się pierwszy.

– Jesteś prorokiem i rozmawiasz z aniołami. Ja

jedynie interpretuję dawne prawa, dopełniam rytuałów i staram się uchronić mój lud przed błędami. Ale wiem, że tej wojny nie ludzie chcą, lecz bogowie, a ja nie mogę temu przeszkodzić.

– Podziwiam twoją wiarę, choć czcisz nieistniejących bogów – odparł Eliasz. – Jeśli jest tak jak mówisz, że w to co się dzieje zechcieli się wmieszać bogowie, to Pan sprawi, że stanę się jego narzędziem, a wtedy zniszczę Baala i jego kompanów z Piątej Góry. Byłoby lepiej, gdybyś rozkazał mnie zgładzić.

– Myślałem o tym, ale to nie jest konieczne. We właściwym momencie bogowie opowiedzą się za mną.

Eliasz nic nie odrzekł. Kapłan wziął do ręki papirus.

– Dobrze wykonana praca – pochwalił. A przeczytawszy uważnie, zdjął z palca pierścień, zanurzył go w jednym z naczyń z tuszem i przyłożył swą pieczęć w lewym rogu papirusu. Gdyby przyłapano kogoś z papirusem nie opatrzonym kapłańską pieczęcią, mógłby to przypłacić życiem.

– Dlaczego musisz to robić? – spytała.

– Bo na papirusach przenoszone są idee – odparł. – A idee mają moc.

– To przecież tylko transakcje handlowe.

– Ale mogły to być plany bitew. Albo informacje o naszych bogactwach. Albo nasze tajne modlitwy. Dziś przy użyciu liter i papirusu łatwo jest skraść myśli każdego narodu. Trudno jest ukryć gliniane tabliczki czy skórę zwierząt, ale połączenie papirusa i alfabetu z Byblos może położyć kres kulturze każdego kraju i zniszczyć świat.

Wbiegła jakaś kobieta z krzykiem:

– Kapłanie! Kapłanie! Pójdź zobaczyć co się dzieje!

Eliasz i wdowa też pobiegli. Ze wszystkich stron nadciągali ludzie, śpiesząc w tym samym kierunku. Ciężko było oddychać w pyle, który wzniecili. Dzieci biegły przodem, śmiejąc się i przekrzykując. Starsi szli powoli, w milczeniu. Przy Południowej Bramie miasta zebrał się już niewielki tłum. Kapłan utorował sobie drogę między zgromadzonymi i zatrzymał się przed człowiekiem, który był przyczyną całego zamieszania.

Jeden z wartowników akbarskich klęczał z rozpostartymi ramionami i dłońmi przybitymi do drewnianego bala umieszczonego na plecach. Odzienie miał całe w strzępach, brakowało mu lewego, wyłupionego drewnianą szczapą oka.

Na piersi wypisano mu cięciami sztyletu jakieś asyryjskie litery. Kapłan znał egipski, ale asyryjski nie był jeszcze na tyle ważny, żeby się go uczyć, musiał więc uciec się do pomocy jednego z kupców.

– „*Wypowiadamy wojnę*" – oto co jest napisane – przetłumaczył kupiec.

Zgromadzeni zastygli w milczeniu. Eliasz zobaczył, że są ogarnięci paniką.

– Podaj mi swój miecz – zwrócił się kapłan do jednego z żołnierzy.

Żołnierz zrobił to. Kapłan polecił, aby doniesiono o wydarzeniu namiestnikowi i dowódcy, po czym nagłym pchnięciem zatopił ostrze w sercu klęczącego wartownika.

Mężczyzna zacharczał i osunął się na ziemię. Nie żył, był wolny od bólu i od hańby, iż dał się schwytać.

– Jutro udam się pod Piątą Górę, by złożyć ofiarę – zwrócił się kapłan do przerażonych ludzi. – I bogowie znów sobie o nas przypomną.

Zanim odszedł, powiedział do Eliasza:

– Widzisz na własne oczy. Niebiosa nam nadal sprzyjają.

– Mam jedno tylko pytanie – rzekł Eliasz. – Dlaczego pragniesz ofiary twego ludu?

– Bo to konieczne, aby unicestwić ideę.

Eliasz pamiętał poranną rozmowę kapłana z wdową i wiedział o jaką ideę chodziło – alfabet.

– Jest już za późno. Alfabet rozprzestrzenił się po całym świecie, a Asyryjczycy nie zdołają podbić całej ziemi.

– Któż ci to powiedział? Zresztą, bogowie Piątej Góry stoją po stronie swoich wojsk.

Jak minionego dnia, Eliasz przechadzał się kilka godzin po dolinie. Wiedział, że zostało co najmniej jedno spokojne popołudnie i jedna spokojna noc – wojny nie prowadzi się w ciemności, bo żołnierze nie potrafiliby odróżnić swego od wroga. Tej nocy Pan dawał mu szansę, by zmienił los miasta, które go przygarnęło.

– Salomon wiedziałby, co teraz robić – odezwał się do swego anioła stróża. – I Dawid, i Mojżesz, i Izaak. Oni byli zaufanymi mężami Pana, a ja jestem jedynie niezdecydowanym sługą. Pan zostawia mi wybór, który winien uczynić On sam.

– Dzieje naszych przodków zdają się obfitować we właściwych ludzi na właściwych miejscach – odparł anioł. – Ale nie wierz w to. Bóg żąda od człowieka jedynie tego, czemu jest on w stanie podołać.

– A więc pomylił się co do mnie.

– Wszystkie nieszczęścia mają swój kres. Podobnie chwała i tragedie tego świata.

– Będę o tym pamiętał – odezwał się Eliasz. – Lecz tragedie, nawet kiedy miną, zostawiają ślady wieczne, chwała zaś zostawia tylko bezużyteczne wspomnienia.

Anioł nic na to nie odpowiedział.

– Dlaczego przez cały czas, który spędziłem w tym mieście, nie potrafiłem znaleźć sprzymierzeńców gotowych walczyć ze mną o pokój? Jakież ma znaczenie samotny prorok?

– A jakie znaczenie ma słońce, które samotnie wędruje po niebie? Jakie znaczenie ma góra, która wznosi się samotnie pośrodku doliny? Jakie znaczenie ma odosobniona studnia? A jednak to one wytyczają drogę karawanom.

– Moje serce dławi smutek – wyszeptał Eliasz, klękając i wyciągając ręce do nieba. – Obym tak mógł umrzeć tutaj i oby moich dłoni nie splamiła krew ani mojego, ani żadnego innego ludu. Spójrz za mnie, co widzisz?

– Wiesz przecież, że jestem ślepy – powiedział anioł. – Me oczy pełne są światła chwały Pana, nie potrafią widzieć niczego innego. Mogę pojąć jedynie to, o czym opowiada mi twoje serce. Potrafię przeczuć, że grozi ci niebezpieczeństwo, ale nie widzę tego, co jest za tobą.

– A więc ci opowiem: tam jest Akbar. Widziany o tej porze, gdy zachodzące słońce opromienia jego kontury, jest piękny. Zżyłem się z jego ulicami i murami, z jego mieszkańcami życzliwymi i gościnnymi. Choć są zabobonni i nic ich nie interesuje prócz handlu, mają serca tak czyste jak ludzie każdego innego narodu na świecie. Wiele się od nich nauczyłem. W zamian za to wysłuchiwałem ich skarg i, natchniony przez Boga, godziłem ich, kiedy byli zwaśnieni. Wiele razy byłem w niebezpieczeństwie i nigdy nie zostałem bez pomocy. Dlaczego mam wybierać między ocaleniem tego miasta a uwolnieniem mego ludu?

– Bo człowiek musi wybierać – odparł anioł. – W tym tkwi jego moc, w zdolności podejmowania decyzji.

– To trudny wybór. Trzeba poświęcić jeden lud, by ocalić inny.

– Jeszcze trudniej jest określić swoją własną drogę. Ten, kto nie wybiera, umiera w oczach Pana, choć wciąż oddycha i chodzi po świecie.

– Poza tym – mówił dalej anioł – nikt nie umiera. Wieczność otwiera swe ramiona dla wszystkich dusz, z których każda miała swe zadanie do spełnienia. Albowiem wszystko, co istnieje pod słońcem, ma jakiś cel.

Eliasz znowu wzniósł ramiona ku niebu:

– Mój lud odstąpił od Pana z powodu urody pewnej niewiasty. Fenicja stoi u progu zniszczenia, bo jakiś kapłan sądzi, że pismo jest zagrożeniem dla bogów. Dlaczego Ten, który stworzył świat, woli posługiwać się tragedią, pisząc księgę przeznaczenia?

Wołanie Eliasza odbiło się echem w dolinie i powróciło do niego.

– Nie wiesz, co mówisz – odparł anioł. – Nie ma tragedii, jest tylko nieuniknione. Wszystko ma swój sens. Musisz rozróżnić, co przemijające, a co ostateczne.

– Co jest przemijające?

– Nieuniknione.

– Co jest ostateczne?

– Nauczki nieuniknionego.

To powiedziawszy, anioł odszedł.

Tego wieczora podczas kolacji Eliasz zwrócił się do kobiety i chłopca:

– Przygotujcie swoje rzeczy. Możemy wyruszyć w każdej chwili.

– Nie śpisz już dwie noce – powiedziała kobieta. – Wysłannik namiestnika był tu dzisiaj z poleceniem, abyś poszedł do pałacu. Powiedziałam mu, że będziesz dziś spał w dolinie.

– Dobrze zrobiłaś.

Poszedł do swej izby, w której natychmiast zapadł w głęboki sen.

Nad ranem zbudził go łomot bębnów. Gdy zszedł, chłopiec już stał w drzwiach.

– Patrz! – zawołał z gorejącymi z podniecenia oczami. – To wojna!

Oddział żołnierzy – imponujący w swym wojennym rynsztunku – maszerował w stronę południowej bramy Akbaru. Za nimi szła grupa muzyków, odmierzając ich kroki uderzeniami bębnów.

– Jeszcze wczoraj bałeś się – powiedział Eliasz do chłopca.

– Nie wiedziałem, że mamy tylu żołnierzy. Nasi wojownicy są najlepsi!

Prorok zostawił chłopca i wyszedł na ulicę. Musiał za wszelką cenę zobaczyć się z namiestnikiem. Pozostałych mieszkańców również zbudził dźwięk wojennego hymnu. Wszyscy stali jak zahipnotyzowani – pierwszy raz w życiu widzieli przemarsz wyszkolonego oddziału, w mundurach, z włóczniami i tarczami, od których odbijały się pierwsze promienie słońca. Dowódca garnizonu dokonał wyczynu nie lada – przygotował wojsko w ukryciu przed mieszkańcami, a teraz (i to napawało Eliasza lękiem) jeszcze przekona ludzi, że zwycięstwo nad Asyryjczykami jest możliwe.

Izraelita przedarł się przez szpaler żołnierzy i dotarł do czoła kolumny. Dowódca wojska z namiestnikiem jechali konno przed nią.

– Zawarliśmy umowę! – zawołał Eliasz, biegnąc u boku namiestnika. – Mogę dokonać cudu!

Namiestnik nie odpowiedział ani słowem. Garnizon minął mury miasta i skierował się ku dolinie.

– Wiesz, że to wojsko jest iluzją! – nalegał niezniechęcony. – Asyryjczycy mają przewagę pięciu do jednego i doświadczenie wojenne za sobą! Nie pozwól, by zniszczono Akbar!

– Czego oczekujesz ode mnie? – zapytał namiestnik, nie zwalniając biegu konia. – Wczoraj wieczorem posłałem po ciebie, ale nie było cię w mieście. Cóż innego mogłem zrobić?

– Zmierzyć się z Asyryjczykami w otwartym polu, to samobójstwo! Przecież wiecie o tym dobrze!

Dowódca garnizonu przysłuchiwał się rozmowie i milczał. Omówił już całą strategię z namiestnikiem – izraelski prorok będzie zaskoczony.

Eliasz biegł obok koni, nie wiedząc, co czynić. Kolumna wojskowa była już za miastem, prawie pośrodku doliny.

„Panie, pomóż mi – myślał. – Podobnie jak wstrzymałeś słońce, aby pomóc Jozuemu w bitwie, tak teraz wstrzymaj czas i spraw, żebym zdołał przekonać namiestnika o jego błędzie".

Ledwie to pomyślał, usłyszał okrzyk dowódcy:
– Stać!

„Być może to znak – powiedział sam do siebie Eliasz. – Muszę to wykorzystać".

Żołnierze stanęli w dwuszeregu, niczym zwarty mur. Tarcze wsparli mocno o ziemię, a ostrza włóczni skierowali przed siebie.

– Myślisz, że widzisz wszystkich akbarskich wojowników – powiedział namiestnik do Eliasza.

– Widzę młodzieńców, którzy drwią sobie ze śmierci – odparł Eliasz.

– Trzeba ci zatem wiedzieć, że ci tutaj to zaledwie jeden oddział. Większość naszych ludzi została w mieście, na murach. Postawiliśmy kotły z wrzącym olejem gotowym do wylania na głowy każdemu, kto ośmieli się zbliżyć. Rozmieściliśmy żywność po domach, tak aby zapalone strzały nie wznieciły ognia, który mógł by strawić wszystkie nasze zapasy. Wedle obliczeń dowódcy, zdołamy wytrzymać nawet dwumiesięczne oblężenie. Gdy Asyryjczycy przygotowywali się, my też nie próżnowaliśmy.

– Nigdy nic mi o tym nie mówiono – odezwał się Eliasz.

– Nie zapominaj, że chociaż pomagałeś ludowi Akbaru, nadal jesteś tu obcy i mogłeś być wzięty za szpiega.

– Ale ty przecież pragnąłeś pokoju!

– Pokój jest możliwy, nawet po rozpoczęciu walki. Teraz jednak będziemy układać się jak równy z równym.

Namiestnik powiedział, że wysłano posłańców do Tyru i Sydonu. Ciężko mu przyszło prosić o pomoc, gdyż mogli tam dojść do wniosku, że nie panuje nad sytuacją, ale uznał, że było to jedyne wyjście.

Dowódca garnizonu opracował doskonały plan:

gdy tylko rozpocznie się walka, zamierzał wrócić do miasta, by zorganizować tam opór. Wojsko, będące teraz w polu, miało zabić jak największą liczbę wrogów, a potem wycofać się w góry. Żołnierze znali tę dolinę jak nikt inny i mogli staczać z oblegającymi małe utarczki, osłabiając ich siły.

Wkrótce zresztą nadejdzie pomoc i wojsko asyryjskie zostanie zdziesiątkowane.

– Jesteśmy w stanie bronić się przez sześćdziesiąt dni, ale nie będzie to konieczne – powiedział namiestnik do Eliasza.

– Ale wielu ludzi zginie.

– Wszyscy stoimy twarzą w twarz ze śmiercią. Lecz nikt się nie boi, ja też nie.

Namiestnik sam był zaskoczony własną odwagą. Nigdy dotąd nie walczył i kiedy zbliżyła się chwila starcia, przygotował plan ucieczki z miasta. Tego ranka wraz z kilkoma najwierniejszymi mu ludźmi obmyślił najkorzystniejszą drogę odwrotu. Wprawdzie nie mógł udać się ani do Tyru ani do Sydonu, bo okrzykniętoby go zdrajcą, ale był pewien, że zostanie przyjęty przez Jezabel, która potrzebowała u swego boku zaufanych doradców.

Kiedy jednak znalazł się na polu bitwy, zobaczył, że ich oczy płoną niezwykłą radością. Jakby przez całe życie przygotowywali się na tę wielką chwilę, która właśnie nadchodziła.

– Gdy pojawia się nieuniknione, strach znika – powiedział do Eliasza. – Szkoda trwonić siły na strach.

Eliasz czuł to samo, choć wstyd mu było to przyznać. Przypomniał sobie podniecenie chłopca na widok maszerującego wojska.

– Odejdź już stąd – odezwał się namiestnik. –

Jesteś tu cudzoziemcem bez broni, nie musisz walczyć za coś, w co nie wierzysz.

Eliasz nie poruszył się.

– Oni nadejdą – powiedział dowódca. – To dla ciebie niespodzianka, ale my jesteśmy przygotowani.

Mimo to Eliasz pozostał.

Wpatrywali się w horyzont, ale nie było widać tumanów kurzu. Wojsko asyryjskie stało bez ruchu.

Żołnierze z pierwszej linii mocno trzymali włócznie skierowane ku wrogom, łucznicy napięli cięciwy, aby wypuścić strzały na rozkaz dowódcy. Niektórzy wojownicy, by nie zwiotczały im mięśnie, wymachiwali w powietrzu mieczami.

– Wszystko gotowe – powtórzył dowódca. – Wkrótce zaatakują.

Eliasz wyczuł euforię w jego głosie. Pewnie niecierpliwie wyczekiwał chwili, gdy bitwa się rozpocznie. Pragnął walczyć i wykazać się odwagą. Z pewnością widział już oczyma wyobraźni asyryjskich żołnierzy, błysk mieczy, krzyk, zamęt i siebie stawianego za wzór męstwa przez fenickich kapłanów.

Namiestnik przerwał jego myśli.

– Nie dają znaku życia.

Eliasz przypomniał sobie, o co prosił Pana – aby wstrzymał słońce na niebie, jak to uczynił kiedyś dla Jozuego. Próbował rozmawiać ze swym aniołem, ale nie usłyszał jego głosu.

Włócznicy powoli opuszczali broń, łucznicy zwalniali cięciwy, a inni wtykali miecze do pochew. Było południe i słońce prażyło niemiłosiernie. Wojownicy osłabli z gorąca, lecz oddział stał gotowy do boju aż do wieczora.

Dopiero gdy zaszło słońce żołnierze wrócili do

Akbaru. Wyglądali na rozczarowanych tym, że przeżyli jeszcze jeden dzień.

Eliasz pozostał w dolinie. Szedł bez celu przed siebie, aż nagle ujrzał światło. Zjawił się przed nim anioł Pana.

– Bóg wysłuchał twej prośby – rzekł anioł. – I wejrzał na niepokój twej duszy.

Eliasz zwrócił się ku niebiosom i dziękował za błogosławieństwo.

– Pan jest źródłem chwały i mocy. To On wstrzymał asyryjskie wojsko.

– Nie – odparł anioł. – Powiedziałeś, że wybór powinien należeć do Niego. Ale On dokonał wyboru zamiast ciebie.

– Odchodzimy stąd – powiedział do kobiety i jej syna.

– Nie chcę nigdzie iść – odezwał się chłopiec. – Jestem dumny z żołnierzy Akbaru.

Matka kazała mu zebrać swoje rzeczy: – Weź tylko to, co zdołasz unieść.

– Zapomniałaś matko, że jesteśmy biedni i niewiele mam.

Eliasz poszedł do swej izby i rozejrzał dookoła, jakby pierwszy, a zarazem ostatni raz. Potem zszedł na dół i przyglądał się jak wdowa pakuje swoje pędzelki i tusze.

– Dziękuję za to, że chcesz mnie zabrać ze sobą – odezwała się. – Gdy wychodziłam za mąż, miałam niespełna piętnaście lat i nic nie wiedziałam o życiu. Nasze rodziny obmyśliły wszystko, a mnie od dziecka przygotowywano na tę okazję, uczono jak być pomocną mężowi w każdej sytuacji.

– Kochałaś go?

– Nauczyłam tego moje serce. Skoro nie miałam wyboru, przekonałam samą siebie, że to była najlepsza droga. Kiedy straciłam męża, pogodziłam się z dniami i nocami, które mijały podobne jedne do drugich, i prosiłam bogów Piątej Góry – wtedy jeszcze w nich wierzyłam – by mnie zabrali, gdy syn rozpocznie samodzielne życie.

– Wtedy zjawiłeś się ty. Już ci to mówiłam i pragnę teraz powtórzyć – od tamtej chwili zaczęłam dostrzegać piękno doliny, ciemny zarys gór, odcinający się na tle nieba, księżyc zmieniający się po to, by mogło rosnąć zboże. Przez wiele nocy, gdy ty spałeś, spacerowałam po Akbarze, słuchałam płaczu nowo narodzonych dzieci, pieśni mężczyzn, którzy pili wino po pracy, mocnych kroków straży na murach. Ileż razy przedtem widziałam ten obraz i nie dostrzegałam jego piękna? Ileż razy patrzyłam w niebo i nie widziałam jak jest głębokie? Ileż razy słyszałam głosy Akbaru wokół mnie i nie rozumiałam, że są częścią mojego istnienia!

– Odzyskałam znów nieodpartą chęć do życia. Poleciłeś mi poznać litery z Byblos i zrobiłam to. Na początku chciałam jedynie cię zadowolić, ale pochłonęło mnie bez reszty to, co robiłam i odkryłam, że *moje życie będzie miało taki sens, jaki ja sama mu nadam.*

Eliasz pogładził ją po głowie.

– Dlaczego nie było tak zawsze? – zapytała.

– Bałem się. Ale dziś, gdy czekałem na bitwę i słuchałem słów namiestnika, pomyślałem o tobie. Gdy zaczyna się dziać nieuniknione, strach znika, staje się bezsensowny. Zostaje nam wtedy tylko nadzieja, że podjęliśmy właściwą decyzję.

– Jestem gotowa – odezwała się.

– Wracamy do Izraela. Pan powiedział mi, co mam robić i tak zrobię. Jezabel będzie odsunięta od władzy.

Milczała. Jak wszystkie kobiety fenickie dumna była ze swej księżniczki. Gdy dotrą do Izraela postara się przekonać mężczyznę, który stał teraz u jej boku, aby zmienił zdanie.

– Będzie to długa podróż i nie spoczniemy dopóty, dopóki nie wypełnię Jego woli – rzekł Eliasz, jakby czytając w jej myślach. – Twoja miłość będzie mi oparciem i w chwilach zmęczenia po walce w imię Pana, będę mógł wytchnąć w twych ramionach.

Nadszedł chłopiec z małym tobołkiem na ramieniu. Eliasz wziął go od niego i zwrócił się do kobiety:

– Już czas. Gdy będziesz szła ulicami Akbaru, zapamiętaj każdy dom, każdy odgłos, bo już nigdy nie zobaczysz swego miasta.

– Tu się urodziłam – odparła. – Akbar na zawsze pozostanie w mym sercu.

Chłopiec słuchał uważnie i obiecał sobie, że nigdy nie zapomni słów matki. Jeśli kiedyś dane mu będzie wrócić, spojrzy na to miasto, jakby patrzył w jej twarz.

Było już ciemno, gdy kapłan dotarł do podnóża Piątej Góry. W prawym ręku trzymał kij, a w lewym zawiniątko. Wyjął zeń święty olej, posmarował nim czoło i nadgarstki. Potem wyrysował kijem na piasku byka i panterę – symbole Boga Burzy i Wielkiej Bogini. Odprawił rytualne modły i wyciągnął ramiona ku niebu, by przyjąć boskie objawienie.

Bogowie milczeli. Powiedzieli już wszystko, co chcieli, by zostało powiedziane, teraz żądali jedynie dopełnienia rytuałów. Prorocy zniknęli z powierzchni ziemi – z wyjątkiem Izraela, kraju zacofanego, zabobonnego, gdzie wciąż wierzono, że ludzie mogą porozumiewać się ze stwórcami Wszechświata.

Przypomniał sobie, że dwa pokolenia wcześniej, Tyr i Sydon prowadziły handel z Salomonem, królem Jerozolimy. Budował on wielką świątynię i pragnął ją przyozdobić wszystkim, co w świecie najpiękniejsze. Dlatego kazał kupić cedry w Fenicji, którą nazywano Libanem. Król Tyru wysłał zamówione drewno i otrzymał w zamian dwadzieścia miast galilejskich, a ponieważ nie przypadły mu do gustu, Salomon pomógł mu wybudować pierwsze statki i dziś Fenicja ma największą flotę handlową świata.

W tamtym czasie Izrael był potężnym państwem, choć czczono tam jednego tylko boga, którego imienia nawet nie znano, więc nazywano „Panem". Sydońskiej księżniczce udało się nawrócić Salomona na prawdziwą wiarę i wzniósł on ołtarz bogom Piątej Góry. Izraelici twierdzili, że „Pan" ukarał najmędrszego z ich królów i sprawił, że na skutek wojen został odsunięty od władzy.

Jego syn, Jeroboam, trwał przy kulcie zapoczątkowanym przez ojca. Nakazał odlać dwa cielce ze złota i lud Izraela oddawał im cześć. Wtedy na scenę wkroczyli prorocy i wypowiedzieli władcy bezlitosną walkę.

Jezabel miała rację: by zachować prawdziwą wiarę należało zgładzić proroków. Choć była łagodną kobietą, wychowaną w duchu tolerancji i odrazy dla wojen, wiedziała że czasem jedynym rozwiązaniem jest przemoc. I że bogowie, którym służy, wybaczą krew, która plami jej dłonie.

– Wkrótce i moje dłonie splami krew – zwrócił się kapłan do stojącej przed nim milczącej góry. – Tak jak prorocy są przekleństwem dla Izraela, tak dla Fenicji jest nim pismo. Może ono, tak samo jak prorocy, stać się przyczyną zła, dlatego trzeba zniszczyć i pismo i proroków, póki to jeszcze możliwe. Bóg Czasu nie może nas teraz opuścić.

Był zaniepokojony wydarzeniami tego ranka – obce wojska nie zaatakowały. Bóg Czasu już kiedyś odwrócił się od Fenicji, bo obraził się na jej mieszkańców. Zgasł wtedy ogień w lampach, owce i krowy porzuciły swoje potomstwo, pszenica i jęczmień nie dojrzały i pozostały zielone. Bóg Słońca wysłał na poszukiwanie Boga Czasu ważne osobistości – orła i Boga Burzy, niestety, na nic to się zdało. W końcu Wielka Bogini posłała pszczołę, która znalazła go śpiącego w lesie i użądliła. Obudził się rozsierdzony i zaczął niszczyć wszystko wokół. Trzeba było go pojmać, wyplenić nienawiść drzemiącą w jego duszy i dopiero wtedy nastał dawny porządek.

Gdyby teraz znów ich opuścił, nie doszłoby do bitwy. Asyryjczycy zostaliby na zawsze u wejścia do doliny, a Akbar istniałby nadal.

– Modlitwa przemienia lęk w odwagę – powiedział do siebie. – Dlatego jestem tutaj, bo nie mogę się wahać w chwili walki. Muszę wykazać wojownikom Akbaru, że bronią miasta z jakiegoś powodu i że tym powodem nie jest ani studnia, ani rynek, ani pałac namiestnika, lecz walka z asyryjskim wojskiem, bo ktoś musi dać przykład.

Zwycięstwo Asyryjczyków na zawsze położy kres zagrożeniu, jakie niesie alfabet. Wprawdzie zdobywcy narzucą swój język i obyczaje, ale czcić będą tych samych bogów Piątej Góry, a to jest najważniejsze.

Z czasem żeglarze rozniosą po świecie wieść o czynach naszych wojowników. Kapłani wspominać będą ich imiona i dzień, w którym Akbar podjął próbę obrony miasta przed asyryjską inwazją. Skrybowie wymalują na papirusie egipskie znaki, a zapisy z Byblos zginą na zawsze. Święte teksty pozostaną w posiadaniu tych jedynie, którzy poświęcą całe życie, by je zgłębiać. Przyszłe pokolenia będą naśladowały to, co my stworzyliśmy i zbudujemy lepszy świat.

Lecz dzisiaj – ciągnął dalej – musimy przegrać tę bitwę. Będziemy walczyć dzielnie, ale nasze położenie jest gorsze i umrzemy okryci chwałą.

Kapłan wsłuchał się w odgłosy nocy i pojął, że ma rację. Ta cisza zapowiadała decydującą bitwę, ale mieszkańcy Akbaru błędnie ją tłumaczyli – opuścili włócznie i świętowali, miast czuwać. Nie dostrzegali znaków przyrody – zwierzęta milkną, gdy zbliża się niebezpieczeństwo.

– Niechaj wypełnią się boskie zamysły. Niechaj niebiosa nie spadną na Ziemię, bo zrobiliśmy wszystko co trzeba i byliśmy posłuszni tradycji – dokończył.

Eliasz, kobieta i chłopiec szli na zachód, w stronę Izraela, omijając obóz Asyryjczyków, który znajdował się na południu. Księżyc w pełni ułatwiał wędrówkę, ale na skałach i kamieniach w dolinie kładły się złowrogie cienie.

Pośród ciemności zjawił się anioł Pana z ognistym mieczem w prawej dłoni.

– Dokąd idziesz? – zapytał.

– Do Izraela – odparł Eliasz.

– Czy wezwał cię Pan?

– Wiem już jakiego cudu Bóg ode mnie oczekuje, a teraz wiem, gdzie mam go dokonać.

– Czy Pan cię wezwał? – zapytał znów anioł. Eliasz milczał.

– Czy Pan cię wezwał? – zapytał po raz trzeci anioł.

– Nie.

– Wróć zatem tam, skąd wyszedłeś, bowiem nie

wypełniłeś jeszcze swego przeznaczenia. Pan jeszcze cię nie wezwał.

– Pozwól przynajmniej, aby oni odeszli, nic tu po nich – błagał Eliasz.

Ale anioła już nie było. Eliasz rzucił na ziemię tobołek, usiadł na środku drogi i gorzko zapłakał.

– Co się stało? – zapytali kobieta i chłopiec, którzy niczego nie widzieli.

– Wracamy – odpowiedział. – Pan tego chce.

Nie mógł znów zasnąć. Obudził się w środku nocy. Wyczuł, że coś wisiało w powietrzu – jakiś złowrogi wiatr wiał ulicami, siejąc strach i niepokój.

„W miłości do jednej kobiety odkryłem miłość do wszystkich stworzeń – modlił się w duchu. – Potrzebuję jej. Wiem, że Pan nie zapomni, że jestem tylko narzędziem w jego rękach, być może najsłabszym, jakie wybrał. Panie, pomóż mi, bo pragnę wytchnienia pośród bitew".

Przypomniał sobie słowa namiestnika o bezużyteczności strachu. Mimo to nie zdołał przywołać snu. „Potrzebuję energii i spokoju, ześlij mi wytchnienie, jeśli to możliwe".

Zamierzał przywołać swego anioła, by choć trochę z nim porozmawiać, ale mógł usłyszeć coś, czego słyszeć nie chciał i zaniechał tego pomysłu. Aby się odprężyć, zszedł do głównej izby. Z przygotowanych przez kobietę do ucieczki tobołków nie zostały jeszcze wyjęte rzeczy.

Zapragnął pójść do niej. Wspomniał na słowa Pana wypowiedziane do Mojżesza przed bitwą: *Mężczyzna, który pokochał kobietę, a jeszcze jej nie sprowadził do siebie, niech wraca do domu, bo mógłby zginąć na wojnie, a kto inny by ją sprowadził do siebie.*

Dotąd ze sobą nie współżyli. Ale ta noc była wyczerpująca i nie był to właściwy czas po temu. Postanowił rozpakować tobołki i poukładać wszystko na swoim miejscu. Zauważył, że oprócz niewielu sztuk odzienia jakie miała, zabrała ze sobą narzędzia do pisania liter z Byblos. Wziął do ręki rylec, zmoczył małą glinianą tabliczkę i zaczął kreślić litery. Nauczył się pisać, przyglądając się kobiecie przy pracy.

„Jakie to proste i genialne", pomyślał, starając się wypełnić czas. Wiele razy słuchał komentarzy kobiet przy studni: „Grecy wykradli nasz najważniejszy wynalazek". Eliasz wiedział, że było inaczej. Grecy tylko dołączyli do systemu znaków pisanych samogłoski, dzięki czemu powstał alfabet który mógł być używany przez ludzi wszystkich narodów. Nie chwalili się, że wymyślili wszystko sami, przecież kolekcję pergaminowych zwojów nazwali *biblía*, na cześć miasta, gdzie dokonano wynalazku.

Greckie księgi pisane były na skórze zwierząt. Eliasz uważał, że to zbyt nietrwały sposób, by przechowywać słowa, bowiem skóra nie jest tak odporna jak gliniane tabliczki i może być z łatwością skradziona. Papirusy zaś drą się po jakimś czasie używania i niszczy je woda. „Zwoje i papirusy nie przetrwają, jedynie gliniane tabliczki pozostaną na zawsze", pomyślał.

Jeśli miasto przetrwa, będzie musiał doradzić namiestnikowi, by rozkazał spisać całą historię kraju i umieścić gliniane tabliczki w specjalnej sali. Niech służą przyszłym pokoleniom. Gdyby kiedyś feniccy kapłani, którzy przechowują w pamięci historię swego ludu, zostali zdziesiątkowani, czyny wojowników i poetów nie poszłyby w zapomnienie.

Zabawiał się jeszcze przez chwilę rysując litery w odwrotnym porządku i tworząc nowe wyrazy. Zachwycił go rezultat. Poczuł, że napięcie minęło i wrócił do łóżka.

Jakiś czas po tym zbudził go huk, drzwi do jego pokoju runęły na ziemię.

„To nie sen. Ani nie walczące zastępy Pana".

Cienie wyłaniały się zewsząd, krzycząc obłąkańczo w języku, którego nie rozumiał.

Wiedział, że to Asyryjczycy.

Inne drzwi wypadły z łoskotem, ściany waliły się od silnych uderzeń topora, krzyki najeźdźców mieszały się z dobiegającymi od strony placu wołaniami o pomoc. Chciał wstać, ale jeden z cieni powalił go na ziemię. Głuchy łomot wstrząsnął dolnym piętrem.

„Ogień – pomyślał Eliasz. – Podpalili dom".

– Ej, ty – wykrzyknął ktoś po fenicku. – Ty jesteś tu przywódcą. Schowałeś się jak tchórz w domu niewiasty.

Prorok spojrzał mu w twarz. Płomienie rozświetlały izbę i w ich blasku zobaczył brodatego mężczyznę w wojskowym mundurze. Nie było wątpliwości – Asyryjczycy wtargnęli do miasta.

– Zaatakowaliście nocą? – spytał zdezorientowany.

Ale mężczyzna nie odpowiedział. Eliasz widział blask obnażonych mieczy. Jeden z wojowników zranił go w prawe ramię.

Zamknął oczy. W ułamku sekundy sceny z całego życia przemknęły mu pod powiekami. Znów bawił się na ulicach rodzinnego miasta, po raz pierwszy udawał się w podróż do Jerozolimy, czuł zapach drewna ciętego w stolarskim warsztacie, na nowo zachwycał się bezkresem morza i strojami, jakie noszono w bogatych miastach wybrzeża. Widział siebie wędrującego po górach i dolinach Ziemi Obiecanej, wspominał, że gdy poznał Jezabel, zdawała się być małą dziewczynką, oczarowując wszystkich wokół. Jeszcze raz był świadkiem rzezi proroków, ponownie usłyszał głos Pana, który posyłał go na pustynię. Znów ujrzał oczy niewiasty, czekającej na niego u bram Sarepty, którą jej mieszkańcy zwali Akbarem, i pojął, że pokochał ją od pierwszego wejrzenia. Raz jeszcze wspiął się na Piątą Górę, wskrzesił dziecko i został przyjęty przez lud jako mędrzec i sędzia. Patrzył w niebo, na którym szybko zmieniały się konstelacje, zachwycił go księżyc, który pokazywał równocześnie swe cztery fazy, poczuł chłód i ciepło, jesień i wiosnę, dotyk deszczu i błysk pioruna. Chmury znów przesuwały się w milionach różnych form, rzeki po raz wtóry toczyły swe wody tymi samymi korytami. Jeszcze raz przeżył dzień, w którym zobaczył pierwszy namiot asyryjski w dolinie, potem drugi, następne, całe ich mnóstwo, widział anioły przychodzące i odchodzące, miecz ognisty na drodze do Izraela, bezsenność, rysunki na tabliczkach i... wrócił do teraźniejszości. Zaniepokoił się, co dzieje się na dole. Musiał za wszelką cenę ocalić wdowę i jej syna.

– Ogień! – krzyczał do wrogów. – Dom zaczyna się palić!

Nie bał się. Jego myśli zaprzątała jedynie kobieta i jej syn. Ktoś przycisnął mu głowę do ziemi, poczuł jej smak w ustach. Ucałował ziemię, powiedział jak bardzo ją kocha i że uczynił co w jego mocy, by uniknąć wojny. Chciał uwolnić się od napastników, ale ktoś trzymał nogę na jego szyi.

„Na pewno uciekła – pomyślał. – Nie uczyniliby nic złego bezbronnej kobiecie".

Głęboki spokój zapanował w jego sercu. Może Pan pojął, że nie on jest właściwym człowiekiem i znalazł innego proroka, by wyzwolić Izrael od grzechu. Śmierć w końcu nadeszła, taka jakiej oczekiwał, męczeńska. Przyjął swe przeznaczenie i czekał na śmiertelny cios.

Mijały sekundy. Nadal słyszał krzyki, krew broczyła z rany, lecz cios nie padł.

– Błagam, zabijcie mnie jak najszybciej! – krzyknął, pewien że przynajmniej jeden z nich mówi jego językiem.

Nikt nie zwrócił uwagi na jego słowa. Krzyczeli jeden przez drugiego, jakby chcieli wyjaśnić jakąś pomyłkę. Zaczęli go kopać i Eliasz poczuł, że znowu chce żyć. To wywołało w nim panikę.

„Jak mogę chcieć żyć – pomyślał zrozpaczony – skoro nie mogę wyjść stąd cało?"

Jednak nic się nie działo. Świat zdawał się wiecznieć w tej mieszaninie krzyków, hałasu i kurzu. Być może Pan sprawił to, co kiedyś uczynił dla Jozuego – zatrzymał czas pośród bitwy.

Wtedy dopiero dobiegły go z dołu jęki kobiety. Nadludzkim wysiłkiem zdołał odepchnąć jednego ze strażników i wstać, ale zaraz powalili go z powrotem na ziemię. Jakiś żołnierz kopnął go w głowę i Eliasz zemdlał.

Po kilku minutach odzyskał przytomność. Asyryjczycy wywlekli go na ulicę.

Jeszcze oszołomiony podniósł głowę: wszystkie okoliczne domy płonęły.

– W tym domu tkwi uwięziona, bezbronna i niewinna kobieta! Ratujcie ją!

Wszędzie krzyki, bieganina, zamęt. Próbował podnieść się, ale znów go powalono na ziemię.

„Panie, możesz ze mną uczynić, co zechcesz, bowiem oddałem i życie i śmierć za Twoją sprawę – modlił się. – Błagam jednak, byś ocalił tę kobietę, która mnie przygarnęła!"

Ktoś szarpnął go za ramiona.

– Popatrz – zawołał po fenicku asyryjski oficer.

– Zasłużyłeś na to.

Dwóch strażników postawiło go na nogi i popchnęło w kierunku drzwi. Dom w okamgnieniu pożerały płomienie, a ogień oświetlał wszystko wokół. Słyszał płaczące dzieci, starców błagających o litość, zrozpaczone kobiety szukające swych dzieci. Nie słyszał jedynie wołania o pomoc tej, która dała mu schronienie.

– Co się dzieje? Tam w środku jest kobieta z dzieckiem! Czemu to robicie?

– Ona chciała ukryć namiestnika Akbaru.

– Nie jestem namiestnikiem Akbaru! Popełniacie straszliwą pomyłkę!

Oficer asyryjski pchnął go aż na próg domu, jego sufit zawalił się od ognia i na wpół przywalił kobietę. Eliasz widział jedynie jej rękę, którą rozpaczliwie wzywała pomocy. Błagała, by nie pozwolono jej spłonąć żywcem.

– Dlaczego darowaliście mi życie, a jej nie oszczędziliście tych męczarni? – wołał.

– Nie bój się, nie oszczędzimy i ciebie, ale chcemy, byś cierpiał najsroższe katusze. Nasz wódz zginął ukamieniowany, odarty z czci i honoru, u wrót miasta. Przybył tu w poszukiwaniu życia i został skazany na śmierć. Teraz ciebie spotka ten sam los.

Eliasz rozpaczliwie walczył, by się wyrwać, ale strażnicy prowadzili go ulicami Akbaru. W piekielnym skwarze pożaru pot zalewał żołnierzom oczy. Niektórzy z nich byli wstrząśnięci scenami, które oglądali. Eliasz szamotał się i wykrzykiwał ku niebiosom, ale i Asyryjczycy i Pan pozostawali głusi na jego wołania.

Przywlekli go na plac. Większość budynków płonęła, huk ognia mieszał się z jękami mieszkańców.

„Jakie to szczęście, że istnieje śmierć".

Ileż razy myślał o tym od tego dnia w stajni!

Trupy akbarskich żołnierzy, większość bez mundurów, leżały na ziemi. Widział ludzi biegających tam i z powrotem — jakby wiedzieli co mają robić, chociaż wcale nie wiedzieli jak przeciwdziałać śmierci i zniszczeniu.

„Dlaczego oni tak biegają? — zastanawiał się. — Czyż nie widzą, że miasto jest w rękach wroga i nie mają dokąd uciec?" Wszystko zdarzyło się błyskawicznie. Asyryjczycy wykorzystali swą ogromną przewagę liczebną i udało im się oszczędzić swym żołnierzom trudów bitwy. Wojownicy akbarscy zostali wybici niemal bez walki.

Eliasza rzucono na kolana na środku placu i związano mu ręce. Nie słyszał już jęków kobiety, być może skonała szybko i nie cierpiąc tak, jakby cierpiała, gdyby paliła się żywcem. Być może Pan trzymał ją już w swych ramionach, tulącą syna.

Inna grupa żołnierzy asyryjskich przyprowadziła jeńca o twarzy zmasakrowanej kopniakami. Mimo to rozpoznał w nim dowódcę garnizonu.

— Niech żyje Akbar! — krzyczał. — Niech żyje Fenicja i jej wojownicy, którzy walczą z wrogiem w świetle dnia! Śmierć tchórzom, którzy atakują pod osłoną nocy!

Zaledwie dokończył zdanie, gdy błysnął miecz jednego z asyryjskich wodzów i głowa dowódcy potoczyła się na ziemię.

„Teraz moja kolej – powiedział Eliasz sam do siebie. – Odnajdę ją znów w raju i będziemy spacerować trzymając się za ręce".

Wtedy podszedł jakiś mężczyzna i zaczął rozmawiać z oficerami. Był jednym z tych mieszkańców Akbaru, którzy byli na placu podczas obrad i sądu. Eliasz przypomniał sobie, że pomógł mu kiedyś rozwiązać poważny spór z sąsiadem.

Asyryjczycy wrzeszczeli coraz głośniej i wskazywali na Eliasza. Mężczyzna ukląkł, ucałował stopy jednego z nich, wyciągnął dłonie w kierunku Piątej Góry i zapłakał niczym dziecko. Gniew Asyryjczyków jakby opadał.

To zdawało się nie mieć końca: mężczyzna płakał i błagał, pokazując na Eliasza i na posiadłość namiestnika, a żołnierze nie dawali się przekonać.

W końcu zbliżył się oficer mówiący po fenicku.

– Nasz szpieg – powiedział do Eliasza, wskazując na płaczącego mężczyznę – twierdzi, że zaszła pomyłka. To on przekazał nam plany miasta i możemy dać wiarę jego słowom. Nie jesteś tym, którego chcieliśmy zabić.

Kopniakiem przewrócił Eliasza na ziemię.

– Więc twierdzisz, że chcesz iść do Izraela, by strącić z tronu księżniczkę. Czy to prawda?

Eliasz milczał.

– Odpowiedz! – zażądał oficer. – Wtedy wrócisz do domu na czas i uratujesz tamtą kobietę i jej syna.

– Tak, to prawda – potwierdził. Może Pan go wysłuchał i pomoże mu ich ocalić.

– Moglibyśmy zabrać cię do Tyru i Sydonu jako jeńca – ciągnął oficer. – Ale przed nami jeszcze wiele bitew i byłbyś dla nas tylko ciężarem. Moglibyśmy zażądać za ciebie okupu, ale od kogo? Jesteś obcy nawet we własnym kraju.

Postawił nogę na twarzy Eliasza.

– Nie jesteś nic wart. Jesteś nikim i dla wrogów i dla przyjaciół. Jesteś jak to miasto – nie warto nawet zostawiać tu części naszego wojska, aby nad nim panować. Gdy podbijemy wybrzeże, Akbar i tak będzie nasz.

– Mam pytanie – odezwał się Eliasz. – Tylko jedno.

Oficer spojrzał na niego podejrzliwie.

– Dlaczego zaatakowaliście nocą? Czyżbyście nie wiedzieli, że wszystkie wojny prowadzi się za dnia?

– Nie złamaliśmy prawa. Żadna tradycja tego nie zakazuje. Mieliśmy dużo czasu na rozpoznanie terenu. Was zaś tak bardzo pochłonęło przestrzeganie zwyczajów, że zapomnieliście, iż świat się zmienia.

Potem Asyryjczycy odeszli, a szpieg rozwiązał Eliaszowi ręce.

– Obiecałem sobie, że kiedyś odpłacę za twą szlachetność i dotrzymałem słowa. Gdy Asyryjczycy wkroczyli do pałacu, jeden ze służących doniósł im, że ten, którego szukają, schronił się w domu wdowy. W tym czasie namiestnikowi udało się uciec.

Eliasz nie zwracał uwagi na jego słowa. Ogień pożerał wokół wszystko, a jęki nie ustawały.

W ogólnym chaosie tylko jedna grupa ludzi zachowywała dyscyplinę – Asyryjczycy wycofujący się w milczeniu.

Bitwa o Akbar została zakończona.

„Ona nie żyje – powtarzał sobie. – Nie chcę tam iść, bo ona już nie żyje. A może jakimś cudem ocalała i będzie mnie szukać?"

Jego serce domagało się, by wstał i poszedł do domu, gdzie mieszkali. Eliasz walczył sam ze sobą. W tej chwili ważył na szali nie tylko miłość kobiety lecz całe swoje życie, wiarę w Boże zamysły, przeświadczenie o swojej misji i to, że potrafi ją spełnić.

Rozejrzał się wokół w poszukiwaniu miecza, by skończyć ze sobą, ale Asyryjczycy zabrali całą broń z Akbaru. Myślał, czy nie rzucić się w płomienie, ale nie chciał ginąć w mękach.

Przez chwilę trwał w bezruchu. Przytomniał, myślał już logicznie. Kobieta i jej syn z pewnością opuścili ziemski padół i należało ich pochować zgodnie ze zwyczajami. Praca dla Pana, czy istniał czy nie, była w tej chwili jego jedyną pociechą. Po spełnieniu religijnego obowiązku, pogrąży się w rozpaczy i zwątpieniu.

Zresztą, istniała możliwość, że jeszcze żyją. Nie mógł więc tkwić tu bezczynnie.

„Nie chcę widzieć ich spalonych twarzy i skóry odchodzącej od mięśni. Ich dusze ulatują już wolne do nieba".

Lecz powlókł się do domu, dusząc się dymem. Powoli rozeznawał się w sytuacji. Mimo że wróg się wycofał, panika rosła w zatrważający sposób. Ludzie błąkali się wśród pogorzelisk, płacząc i modląc się do bogów za swych zmarłych.

Rozejrzał się za kimś do pomocy, ale jedyny

w pobliżu człowiek był w głębokim szoku, patrzył przed siebie nieobecnym wzrokiem.

„Lepiej nie prosić nikogo o pomoc". Znał Akbar niemal tak dobrze jak swoje rodzinne miasto i choć miejsca, gdzie zwykle chodził, były nie do poznania, udało mu się nie stracić orientacji. Wrzaski stały się wyraźniejsze: ludzie pojęli, że stała się tragedia i że trzeba jej zaradzić.

– Tu jest ranny! – wołał ktoś z oddali.

– Potrzebujemy więcej wody! Inaczej nie opanujemy ognia! – krzyczał inny.

– Pomocy! Mój mąż nie może się wydostać spod gruzów!

Dotarł do miejsca, gdzie wiele miesięcy temu udzielono mu, jak przyjacielowi, gościny. Niedaleko jego domu pośrodku ulicy siedziała jakaś staruszka, odarta z ubrania do nagości . Eliasz chciał jej pomóc, ale go odepchnęła.

– Ona tam umiera! – krzyczała. – Idź i zrób coś! Zdejmij z niej tę ścianę!

I zaczęła histerycznie krzyczeć. Eliasz chwycił ją za ramiona i odciągnął jak najdalej, bo zagłuszała jęki kobiety. Wokół były tylko zgliszcza – sufit i ściany domu zapadły się i trudno mu było się rozeznać, gdzie ją widział po raz ostatni. Ogień już dogasał, ale żar był nadal nieznośny. Eliasz przedostał się przez gruzy na miejsce, gdzie kiedyś była jego izba.

Zdołał posłyszeć jęk. Jej jęk.

Instynktownie strząsnął pył z odzienia, jakby chciał lepiej wyglądać. Starał się zebrać myśli. Słyszał trzask ognia, wołanie o pomoc ludzi pogrzebanych żywcem, chciał krzyczeć, by zamilkli, bo musi dotrzeć do kobiety i jej syna. Po dłuższym czasie usłyszał jakiś szmer – skrobanie pod stopami.

Ukląkł i zaczął jak szalony rozgrzebywać rumowisko. Wydobywał ziemię, kamienie i drewno. W końcu natrafił ręką na coś ciepłego – krew.

– Nie umieraj, proszę – wyszeptał.

– Zostaw te gruzy nade mną – usłyszał jej głos.

– Nie chcę, żebyś widział moją twarz. Uratuj mego syna.

Wciąż kopał, a ona powtórzyła:

– Idź poszukać ciała mego syna. Zrób to, o co proszę.

Eliasz spuścił głowę i cicho zapłakał.

– Nie wiem, gdzie on jest. Proszę, nie odchodź. Pragnę, abyś została ze mną, abyś mnie nauczyła kochać, moje serce jest gotowe.

– Zanim się zjawiłeś, przez wiele lat pragnęłam śmierci. Musiała mnie w końcu wysłuchać i przyszła po mnie.

Jęknęła. Eliasz tylko zagryzł wargi. Ktoś dotknął jego ramienia.

Przestraszony odwrócił się i zobaczył chłopca. Cały pokryty był pyłem i sadzą ale nie wyglądał na rannego.

– Gdzie jest mama? – zapytał.

– Jestem tutaj, synku – odpowiedział mu głos spod ruin. – Jesteś ranny?

Chłopiec zaczął płakać. Eliasz przytulił go do siebie.

– Płaczesz, synku – odezwał się słabnący głos. – Nie rób tego. Twoją matkę wiele kosztowało zrozumienie, że życie ma sens, mam nadzieję, że udało mi się ci to przekazać. Jak wygląda miasto, w którym się urodziłeś?

Eliasz i chłopiec milczeli, przytuleni do siebie.

– Dobrze – skłamał Eliasz. – Wielu żołnierzy zginęło, ale Asyryjczycy już się wycofali. Szukali namiestnika, aby pomścić śmierć jednego ze swych wodzów.

Zamilkł. Głos słabł coraz bardziej:

– Powiedz mi, że moje miasto ocalało.

Zrozumiał, że może odejść w każdej chwili.

– Miasto jest nienaruszone. Twój syn również ocalał.

– A ty?

– Mnie nic się nie stało.

Wiedział, że tymi słowami wyzwala jej duszę i pozwala jej umrzeć w spokoju.

– Poproś mego syna, by ukłąkł – wyszeptała kobieta po chwili milczenia. – Chcę, abyś mi przysiągł w imię Pana twego Boga.

– Co tylko chcesz. Wszystko czego chcesz.

– Pewnego dnia powiedziałeś mi, że Pan jest wszędzie, a ja w to uwierzyłam. Powiedziałeś mi, że dusze nie idą na szczyt Piątej Góry i też ci uwierzyłam. Ale nie powiedziałeś mi, dokąd idą. Chcę, żebyście mi przyrzekli, że nie będziecie po mnie płakać i że będziecie się nawzajem o siebie troszczyć aż do chwili, gdy Pan pozwoli każdemu z was iść swoją drogą. Teraz moja dusza połączy się ze wszystkim, co poznałam na tej ziemi: będę doliną, górami wokół, miastem, ludźmi chodzącymi po jego ulicach. Będę jego rannymi i żebrakami, wojownikami, kapłanami, kupcami i szlachetnie urodzonymi. Będę ziemią, po której stąpasz, studnią, która gasi pragnienie.

Nie płaczcie po mnie, bo nie ma powodu, abyście byli smutni. Będę teraz Akbarem, a to miasto jest piękne.

Zapadła cisza śmierci, nawet wiatr ucichł. Eliasz nie słyszał już krzyków dobiegających z ulicy ani trzasku ognia z sąsiednich domów. Słyszał jedynie tę ciszę, ciszę niemal namacalną.

Wtedy odsunął chłopca, rozdarł swe szaty i, zwróciwszy się ku niebiosom, zaczął wołać pełną piersią:

„Panie, Boże mój! Dla Ciebie opuściłem Izrael i nie dane mi było ofiarować Ci mej krwi, tak jak to zrobili inni prorocy, którzy tam zostali. Przyjaciele nazwali mnie tchórzem, wrogowie zaś zdrajcą.

Dla Ciebie żywiłem się jedynie tym, co przynosiły mi kruki i przeszedłem pustynię idąc do Sarepty, którą jej mieszkańcy zwą Akbarem. Przez Ciebie wiedziony napotkałem niewiastę, a me serce przez Ciebie natchnione nauczyło się ją kochać. Jednak ani przez chwilę nie zapomniałem o moim posłaniu i każdego dnia byłem gotów odejść.

Z pięknego Akbaru zostały dziś tylko ruiny, a kobieta, którą mi powierzyłeś, spoczywa pod nimi. Gdzie zgrzeszyłem, Panie? Kiedy oddaliłem się od drogi, którą dla mnie przeznaczyłeś? Jeślim Cię nie zadowolił, czemuś mnie nie zabrał z tego świata, miast zasmucać tych, którzy mi pomogli i mnie ukochali?

Nie pojmuję Twych zamysłów. Nie dostrzegam sprawiedliwości w Twych dziełach. Nie jestem w stanie znieść cierpienia, które mi zgotowałeś. Odejdź z mego życia, bo ja też jestem tylko ruiną, ogniem i pyłem".

Pośród ognia i zniszczeń Eliasz dostrzegł światło i zjawił się anioł Pański.

— Po cóż przychodzisz? — zapytał Eliasz. — Czyż nie widzisz, że jest już za późno?

— Przybywam, aby powiedzieć ci, że Pan raz

jeszcze wysłuchał twej modlitwy i będzie ci dane to, o co prosisz. Odtąd nie usłyszysz już głosu swego anioła, ani ja nie przyjdę, dopóki nie wypełnią się dni twojej próby.

Eliasz wziął chłopca za rękę i ruszyli przed siebie bez celu. Dym, wcześniej rozwiewany przez wiatr, zasnuwał teraz ulice i nie sposób było oddychać. „Może to sen – pomyślał Eliasz. – Może to tylko koszmar".

– Skłamałeś mojej matce – odezwał się chłopiec. – Miasto jest zniszczone.

– Jakie to ma znaczenie? Skoro nie widziała tego, co działo się wokół, dlaczego miałem nie pozwolić jej odejść szczęśliwej?

– Ale ona ci uwierzyła i dlatego powiedziała, że jest Akbarem.

Eliasz skaleczył stopę o rozbite szkło. Ból mu uświadomił, że to nie sen, że wszystko wokół było przerażającą rzeczywistością. Zdołali dotrzeć do placu, gdzie – kiedyż to było? – zbierali się mieszkańcy i gdzie pomagał im rozstrzygać spory. Niebo było złote od łuny pożaru.

– Nie chcę, aby moja mama była tym, co widzę. Okłamałeś ją – powtarzał syn wdowy.

Chłopiec dotrzymał przysięgi i żadna łza nie spłynęła po jego twarzy.

„Co mam robić?" – pytał Eliasz sam siebie. Jego stopa krwawiła, więc postanowił myśleć tylko o tym bólu, on mógł go uchronić przed rozpaczą.

Obejrzał cięcie zadane mu mieczem przez Asyryjczyka. Rana nie była głęboka. Usiadł z chłopcem w tym samym miejscu, w którym został związany przez wroga i uwolniony przez zdrajcę. Za-

169

uważył, że ludzie przestali biegać, snuli się teraz z miejsca na miejsce pośród dymu i zgliszcz, niczym żywe trupy. Wyglądali jak dusze zapomniane przez niebo, skazane na wieczną ziemską tułaczkę. Wszystko pozbawione było sensu.

Niektórzy jeszcze próbowali coś robić: słyszał głosy kobiet, sprzeczne rozkazy żołnierzy, którzy zdołali przeżyć zagładę. Ale było ich niewielu i nic już nie mogli uratować.

Kapłan powiedział kiedyś, że świat jest zbiorowym snem bogów. A jeśli miał rację? Można pomóc bogom zbudzić się z tego koszmaru i uśpić ich ponownie, by wyśnili przyjemniejszy sen. Kiedy Eliasza nękały nocne zmory, zawsze się budził i ponownie zasypiał, dlaczego nie mogliby tak zrobić stwórcy Wszechświata?

Stąpał po trupach. Żadnego z nich nie zaprzątały już podatki, ani Asyryjczycy rozłożeni obozem w dolinie, ani obrzędy religijne czy życie jakiegoś zabłąkanego proroka, który może kiedyś zamienił z nimi słowo.

„Nie mogę tu zostać na zawsze. Ten chłopiec jest dziedzictwem, które mi pozostawiła i będę go godzien, choćby miało to być moje ostatnie zadanie na tej ziemi".

Podniósł się z wysiłkiem, wziął chłopca za rękę i poszli dalej. Niektórzy rabowali zburzone sklepy i składy. Po raz pierwszy zareagował na to, co się działo, prosząc, by tego nie robili.

Ale ludzie odpychali go, mówiąc:

– Jemy resztki tego, co namiestnik dotąd sam pożerał. Daj nam spokój.

Eliaszowi brakło sił na utarczki, wyprowadził

chłopca za miasto i ruszyli przez dolinę. Anioły ze swymi ognistymi mieczami nie pojawiły się więcej.

Była pełnia. Jasnej poświaty księżyca nie przyćmiewały tu dymy płonącego miasta. Kilka godzin wcześniej, gdy próbował opuścić miasto, by dotrzeć do Jerozolimy, bez trudu znalazł drogę. Asyryjczycy również.

Chłopiec nadepnął na czyjeś ciało i odskoczył przerażony. U jego stóp leżał kapłan. Miał odrąbane ręce i nogi, lecz żył jeszcze. Patrzył na szczyt Piątej Góry.

– Jak widzisz, bogowie feniccy zwyciężyli niebiańską bitwę – mówił z trudem, ale głosem spokojnym. Krew spływała mu z ust.

– Pozwól mi skrócić twe cierpienie – powiedział Eliasz.

– Ból jest niczym wobec radości ze spełnionego obowiązku.

– Czyżby twym obowiązkiem było zniszczenie miasta ludzi sprawiedliwych?

– Miasto nigdy nie umiera – umierają tylko jego mieszkańcy i idee, którym byli wierni. Pewnego dnia inni ludzie przybędą do Akbaru, będą pić jego wodę, a jego kamień węgielny będzie polerowany i czczony przez nowych kapłanów. Odejdź stąd, mój ból wkrótce minie, ale twoja rozpacz trwać będzie do końca twych dni.

Okaleczone ciało oddychało z trudem i Eliasz odszedł. Wtem otoczyła go grupa ludzi: mężczyzn, kobiet i dzieci.

– To ty! – krzyczeli. – To ty zhańbiłeś swą ziemię i sprowadziłeś przekleństwo na nasze miasto!

– Niechaj bogowie wejrzą na to! Niech wiedzą kto jest winowajcą!

Popychali go i szarpali za ramiona. Chłopiec wyrwał mu się i gdzieś przepadł. Ludzie bili Eliasza gdzie popadło, ale on myślał jedynie o synu wdowy. Nawet nie zdołał utrzymać go przy sobie. Napaść nie trwała długo, być może ludzie zmęczeni już byli przemocą. Eliasz upadł na ziemię.

– Precz stąd! – zawołał ktoś. – Odpłaciłeś nienawiścią za naszą miłość!

Akbarczycy odeszli. Nie miał sił, by się podnieść. Zdołał otrząsnąć się ze wstydu, ale nie był już tym samym człowiekiem. Nie pragnął ani życia ani śmierci. Nie chciał już niczego – nie było w nim ani miłości, ani nienawiści, ani wiary.

Obudził go czyjś dotyk na twarzy. Wokół panowała jeszcze noc, księżyc zaszedł.

– Obiecałem mamie, że będę się o ciebie troszczył – odezwał się chłopiec. – Ale nie wiem, co mam robić.

– Wróć do miasta. Są tam dobrzy ludzie i ktoś cię przygarnie.

– Jesteś ranny. Muszę opatrzyć twoje ramię. Być może zjawi się anioł i powie mi, co robić.

– Jesteś głupi i niczego nie rozumiesz! – krzyknął Eliasz. – Aniołowie nie wrócą więcej, bo jesteśmy tylko zwykłymi ludźmi, a zwykli ludzie cierpią i gdy zdarzają się tragedie muszą sobie radzić sami!

Odetchnął głęboko, starając się uspokoić, nie warto było krzyczeć.

– Jak tu trafiłeś?

– Nigdzie nie odszedłem.

– Więc byłeś świadkiem mojej hańby. Widziałeś, że nie mam czego szukać w Akbarze.

– Powiedziałeś mi kiedyś, że wszystkie bitwy czemuś służą, nawet te przegrane.

Eliasz przypomniał sobie wczorajszą wyprawę do studni. Zdawało się, że od tamtej chwili minęły całe lata i miał ochotę powiedzieć chłopcu, że piękne słowa nic nie znaczą w obliczu cierpienia, ale postanowił go nie przerażać.

– Jak zdołałeś ujść cało z pożaru?

Dziecko spuściło głowę.

– Nie spałem. Czuwałem, żeby sprawdzić, czy pójdziesz w nocy do mamy. Widziałem jak weszli pierwsi żołnierze.

Eliasz podniósł się i poszedł poszukać skały u podnóża Piątej Góry, spod której pewnego popołudnia oglądał razem z kobietą zachód słońca. „Nie powinienem tam iść – myślał. – Moja rozpacz będzie jeszcze większa".

Ale jakaś siła popychała go w tamtą stronę. Gdy dotarł do celu, gorzko zapłakał. Miejsce to miało, jak Akbar, swój kamień, ale tylko on widział w nim coś specjalnego, inni nie będą go dotykać z czcią, żadne inne pary nie odkryją przy nim sensu miłości.

Wziął chłopca w ramiona i zapadł w sen.

– Jestem głodny i chce mi się pić – powiedział, obudziwszy się syn wdowy do Eliasza.

– Możemy iść do pasterzy, którzy gdzieś tu niedaleko mieszkają. Chyba nic im się nie stało, bo nie są Akbarczykami.

– Musimy odbudować miasto. Moja mama powiedziała, że jest Akbarem.

Jakie miasto? Nie było już pałacu, ani targu, ani murów. Ludzie uczciwi zaczęli kraść, a młodzi żołnierze zostali zmasakrowani. Aniołowie nie wrócą więcej – ale to było najmniejsze zmartwienie.

– Sądzisz, że zniszczenie, ból, śmierć wczorajszej nocy miały jakieś znaczenie? Sądzisz, że trzeba unicestwić tysiące ludzkich istnień, aby kogoś czegoś nauczyć?

Chłopiec popatrzył na niego z przerażeniem.

– Zapomnij o tym, co przed chwilą powiedziałem – rzekł Eliasz. – Chodźmy poszukać pasterzy.

– I odbudować miasto – obstawał przy swoim syn wdowy.

Eliasz milczał. Wiedział, że już nie zdoła odzyskać swego autorytetu u mieszkańców, którzy obwiniali go o sprowadzenie nieszczęścia. Namiestnik uciekł, dowódca został zabity, Tyr i Sydon przypuszczalnie wkrótce dostaną się pod obce panowanie. Być może kobieta miała rację – bogowie wciąż się zmieniają, a tym razem odszedł Pan.

– Kiedy tam wrócimy? – zapytał znowu chłopiec.

Eliasz chwycił go za ramiona i zaczął nim mocno potrząsać.

– Popatrz za siebie! Nie jesteś ślepym aniołem lecz dzieciakiem, który chciał podglądać matkę. I co widzisz? Widzisz te wznoszące się słupy dymu? Czy wiesz, co to znaczy?

– Przestań, to boli! Chcę stąd iść!

Eliasz zatrzymał się przerażony sam sobą, nigdy dotąd tak się nie zachowywał. Chłopiec wyrwał się i zaczął biec w stronę miasta. Dogonił go i ukląkł u jego stóp.

– Przebacz mi. Nie wiem, co robię.

Dziecko szlochało, ale łzy nie płynęły mu po twarzy. Eliasz usiadł przy nim, czekając aż się uspokoi.

– Nie odchodź – poprosił. – Gdy twoja matka żegnała się z nami, obiecałem jej że zostanę z tobą aż do chwili, gdy będziesz mógł sam iść własną drogą.

– Przysięgałeś również, że miasto ocalało. A ona powiedziała...

– Nie musisz mi powtarzać. Jestem zagubiony pośród moich win. Pozwól mi się odnaleźć. Przebacz, nie chciałem cię skrzywdzić.

Chłopiec objął go, ale wciąż nie płakał.

Dotarli do domu w dolinie. Bawiło się przed nim dwoje dzieci, a jakaś kobieta stała w drzwiach. Stado było w zagrodzie, co znaczyło, że pasterz nie wyszedł tego ranka w góry.

Kobieta patrzyła przestraszona na zbliżającego się mężczyznę i chłopca. Chciała odegnać ich natychmiast, ale tradycja i bogowie nakazywali uszanować prawo gościnności. Gdyby nie dała im teraz schronienia, podobne nieszczęście mogło spotkać jej dzieci w przyszłości.

– Nie mam pieniędzy – rzekła. – Ale mogę wam dać trochę wody i coś do zjedzenia.

Usiedli na małej werandzie zadaszonej słomą. Kobieta przyniosła suszone owoce i dzban z wodą. Jedli w milczeniu, doświadczając – po raz pierwszy od minionej nocy – nieco zwykłej codzienności. Dzieci przestraszone wyglądem przybyszów schowały się w domu.

Skończywszy posiłek, Eliasz spytał o pasterza.

– Wkrótce powinien nadejść – odpowiedziała. – Słyszeliśmy wielką wrzawę i ktoś nad ranem przyniósł wiadomość, że Akbar został zniszczony. Mąż poszedł zobaczyć, co się stało.

Zniknęła w sieni przywołana przez dzieci.

„Na nic się zda przekonywanie chłopca – pomyślał Eliasz. – Nie zostawi mnie w spokoju, dopóki nie spełnię tego, o co prosi. Muszę mu udowodnić, że to niemożliwe – wtedy sam się przekona".

Suszone owoce i woda dokonały cudu, Eliasz powrócił do świata żywych.

Jego myśli wirowały. Zastanawiał się, co robić.

W jakiś czas później nadszedł pasterz. Z obawą przyjrzał się mężczyźnie i chłopcu. Lękał się o bezpieczeństwo swej rodziny. Ale wnet pojął, co to za jedni.

– Pewnie jesteście uciekinierami z Akbaru – odezwał się. – Właśnie stamtąd wracam.

– I co się tam dzieje? – zapytał syn wdowy.

– Miasto zostało zniszczone, a namiestnik uciekł. Bogowie sprowadzili na świat zamęt.

– Straciliśmy wszystko – rzekł Eliasz. – Prosimy, żebyś przyjął nas pod swój dach.

– Moja żona już was przyjęła i nakarmiła. Teraz musicie wyjść naprzeciw nieuniknionemu.

– Nie wiem, co zrobić z chłopcem. Potrzebna mi pomoc.

– Jasne, że wiesz. Jest młody, wygląda na roztropnego i ma energię. Ty zaś masz doświadczenie człowieka, który zaznał smaku zwycięstwa i porażek. To doskonałe połączenie, które może ci pomóc dotrzeć do mądrości.

177

Mężczyzna obejrzał ranę na ramieniu Eliasza i stwierdził, że to nic groźnego. Przyniósł z domu jakieś zioła i kawałek płótna. Chłopiec chciał pomóc mu opatrzyć ranę. Gdy pasterz powiedział, że może zrobić to sam, syn wdowy odparł, że obiecał swej matce troszczyć się o tego mężczyznę.

Pasterz zaśmiał się.

– Twój syn jest człowiekiem honoru – rzekł do Eliasza.

– Nie jestem jego synem – powiedział chłopiec.

– A on też jest człowiekiem honoru. Odbuduje miasto, bo musi wskrzesić moją matkę, tak jak to uczynił ze mną.

Wtedy dopiero Eliasz zrozumiał niepokoje chłopca, lecz nim zdążył coś powiedzieć pasterz zawołał do kobiety, że musi wyjść.

– Lepiej nie tracić czasu i od razu odbudować życie – rzekł do Eliasza. – Długo potrwa, zanim wszystko wróci na swoje miejsce.

– Nigdy już nie będzie jak dawniej.

– Wyglądasz mi na mądrego młodzieńca i rozumiesz wiele rzeczy, których ja nie pojmuję. Ale natura nauczyła mnie czegoś, czego nigdy nie zapomnę: jedynie człowiek, który – jak pasterz – zależny jest od upływu czasu i pór roku, potrafi przeżyć nieuniknione. Troszczy się o swe stado, dba o każde stworzenie, jakby było jedyne i niepowtarzalne, stara się o jagnięta i nigdy nie oddala się od miejsc zasobnych w wodę, aby zwierzęta miały jej pod dostatkiem. Jednak bywa, że jakaś owca, szczególnie mu droga, ginie ukąszona przez węża, pożarta przez dzikie zwierzę, czy spada w przepaść. Nieuniknione zawsze nadchodzi.

Eliasz spojrzał w stronę Akbaru i przypomniał sobie rozmowę z aniołem. Nieuniknione zawsze nadchodzi.

– Trzeba wiele dyscypliny i cierpliwości, aby przez to przejść – dodał pasterz. – I nadziei. Gdy jej nie ma, nie wolno trwonić sił, walcząc z niemożliwym. Ale nie jest to sprawa nadziei na przyszłość. Chodzi raczej o ponowne stworzenie przeszłości.

Pasterz przestał się spieszyć, serce przepełniała mu litość dla siedzących przed nim uciekinierów. Skoro jego rodzinę ominęła tragedia, cóż go kosztowało przyjść im z pomocą i tym samym podziękować bogom za doznaną łaskę. Poza tym słyszał już o izraelskim proroku, który wspiął się na Piątą Górę i nie spłonął od ognia niebieskiego. Wszystko wskazywało na to, że siedział przed nim ten mężczyzna.

– Jeśli chcecie, możecie tu zostać jeszcze jeden dzień.

– Nie zrozumiałem tego, co mówiłeś przed chwilą o ponownym stwarzaniu przeszłości – odezwał się Eliasz.

– Wiele razy widziałem przechodzących tędy ludzi, szli do Tyru i Sydonu. Niektórzy z nich skarżyli się, że nie potrafili nic osiągnąć w Akbarze i szli szukać lepszego losu. W końcu wracali. Nie zdołali odnaleźć tego, czego szukali, bo nosili ze sobą, prócz bagaży, ciężar minionych porażek. Czasem niektórzy wracali zdobywszy posadę w rządzie lub wykształciwszy swoje dzieci – ale nie osiągnąwszy niczego więcej. Bowiem przeszłość spędzona w Akbarze napawała ich obawą i brakowało im wiary w siebie, by podjąć ryzyko.

Ale obok drzwi mego domu przechodzili też ludzie pełni entuzjazmu. Wykorzystali każdą chwilę życia w Akbarze i zebrali – z wielkim trudem – pieniądze na wymarzoną podróż. Dla nich życie było pasmem zwycięstw i takie będzie zawsze. Oni też wracali, lecz pełni cudownych opowieści. Udało im się zdobyć wszystko, czego pragnęli, bo nie ograniczało ich zgorzknienie minionych niepowodzeń.

Słowa pasterza trafiły Eliasza prosto w serce.

– Nie jest trudno odbudować życie, nie jest niemożliwe podniesienie Akbaru z ruin – ciągnął dalej pasterz. – Wystarczy sobie uprzytomnić, że mamy wciąż tę samą siłę, co kiedyś i że możemy się nią posłużyć tak, by przyniosła nam korzyść.

Spojrzał Eliaszowi w oczy.

– Jeśli twoja przeszłość cię nie zadowala, zapomnij teraz o niej. Wyobraź sobie nową historię swego życia i uwierz w nią. Skoncentruj się jedynie na chwilach, w których osiągałeś to, czego pragnąłeś – i ta siła pomoże ci zdobyć to, czego chcesz.

„Był czas, gdy chciałem być cieślą, potem zapragnąłem być wysłanym, by zbawić Izrael, prorokiem – pomyślał. – Aniołowie zstępowali z niebios i Pan mówił do mnie. Aż do chwili, gdy zrozumiałem, że Bóg nie jest sprawiedliwy, a Jego zamysły pozostaną dla mnie zawsze niepojęte".

Pasterz zawołał do kobiety, że dziś już nie wyjdzie – w końcu był już pieszo w Akbarze i na myśl o nowej wędrówce ogarnęło go znużenie.

– Dziękuję, że nas przyjąłeś – odezwał się Eliasz.

– Nic mi nie ubędzie, gdy zatrzymam was na nocleg.

Chłopiec przerwał rozmowę.

– Chcemy wrócić do Akbaru.

– Poczekajcie do jutra. Teraz miasto rabują mieszkańcy i nie ma tam gdzie spać.

Chłopiec spuścił wzrok, zagryzł wargi i jeszcze raz wstrzymał łzy. Pasterz wprowadził ich do domu, uspokoił żonę i dzieci, i resztę dnia spędził zabawiając przybyszów rozmową o pogodzie.

Następnego dnia obudzili się wcześnie rano, zjedli posiłek przygotowany przez żonę pasterza i stanęli przed drzwiami domu.

– Obyś żył długo, a twoje stado oby wciąż rosło – odezwał się Eliasz. – Zjadłem tyle, ile potrzebowało moje ciało, a moja dusza poznała to, czego dotąd nie wiedziałem. Oby Bóg nie zapomniał nigdy tego, co dla nas zrobiliście i oby wasze dzieci nie były nigdy obcymi w obcej ziemi.

– Nie wiem, o jakim Bogu mówisz, wielu ich zamieszkuje Piątą Górę – odpowiedział szorstko pasterz, ale zaraz zmienił ton. – Pamiętaj o rzeczach dobrych, których dokonałeś. One dodadzą ci odwagi.

– Niewiele ich było i w żadnej nie było mojej zasługi.

– Nadszedł więc czas, by zrobić coś więcej.

– Może mogłem zapobiec inwazji.

Pasterz zaśmiał się.

– Choćbyś był namiestnikiem Akbaru i tak nie zdołałbyś powstrzymać nieuniknionego.

– Może namiestnik powinien był zaatakować Asyryjczyków, gdy w dolinie była ich zaledwie garstka albo układać się, zanim wybuchła wojna.

– Wszystko co mogło się zdarzyć, lecz się nie zdarzyło, porwał wiatr i nie ma po tym śladu – odparł pasterz. – Życie składa się z naszych postaw. *I są sprawy, do których doświadczenia zmuszają nas bogowie.* Nieważne, jaki mają w tym cel i na nic się zdadzą starania, by nas ominęły.

– Dlaczego?

– Zapytaj o to izraelskiego proroka, który żył w Akbarze. Ponoć on ma odpowiedź na wszystko.

Pasterz skierował się ku zagrodzie.

– Muszę wyprowadzić moje owce na pastwisko – powiedział. – Wczoraj nie wychodziły i dziś się niecierpliwią.

Pożegnał ich skinieniem dłoni i pognał stado na pastwiska.

Mężczyzna i dziecko szli doliną.

– Idziesz wolno – odezwał się chłopiec. – Boisz
się tego, co może się zdarzyć.

– Boję się tylko samego siebie – odparł Eliasz. –
Nikt nie może mi nic zrobić, bo nie mam już serca.

– Bóg, który mnie przywrócił do życia, wciąż
żyje. On może wskrzesić moją matkę, jeśli ty to samo uczynisz z miastem.

– Zapomnij o tym Bogu. Jest daleko i nie dokona już nigdy cudów, na które czekamy.

Pasterz miał rację. Teraz musiał odbudować
swą własną przeszłość i zapomnieć, że pewnego
dnia uważał się za proroka, który miał wybawić
Izrael, a nie udało mu się się ocalić nawet zwykłego miasta.

Ta myśl napełniła go osobliwym uczuciem eu-
forii. Po raz pierwszy w swym życiu czuł się wolny
– gotów dokonać wszystkiego, co zamierzy i kiedy
zapragnie. Wprawdzie nie usłyszy więcej aniołów,

ale może bez przeszkód wrócić do Izraela i znów pracować jako cieśla, może pojechać do Grecji, aby poznać nauki tamtejszych mędrców, albo też popłynąć z fenickimi żeglarzami ku krainom po drugiej stronie morza.

Jednak najpierw musiał się zemścić. Poświęcił najlepsze lata swojej młodości głuchemu Bogowi, który wydawał mu polecenia i układał bieg spraw po swojej myśli. Nauczył się przyjmować Jego decyzje i szanować Jego zamysły.

Ale w zamian za wierność został porzucony, jego oddanie pozostało niedocenione, a wysiłki, by wypełnić wolę Najwyższego, zakończyły się śmiercią jedynej kobiety, którą kochał.

– Masz całą siłę świata i gwiazd – powiedział w swym rodzinnym języku, aby chłopiec nie zrozumiał znaczenia słów. – Dla Ciebie zniszczyć miasto czy kraj, to tak jak dla nas zdeptać owada. Ześlij więc z niebios ogień i skończ raz na zawsze z moim życiem, bo inaczej powstanę przeciwko Twemu dziełu.

Na horyzoncie pojawił się Akbar. Eliasz chwycił chłopca mocno za rękę.

– Stąd aż do rogatek miasta szedł będę z zamkniętymi oczami. Ty mnie prowadź – poprosił. – Jeśli umrę w drodze, zrób to, czego żądałeś ode mnie – odbuduj Akbar, nawet gdybyś musiał czekać, aż wpierw dorośniesz i nauczysz się ciąć drewno i ciosać kamienie.

Dziecko nic nie odpowiedziało. Eliasz zamknął oczy i pozwolił się prowadzić. Wsłuchiwał się w szum wiatru i szmer swych kroków na piasku.

Przypomniał sobie Mojżesza. Kiedy już wyzwolił i przeprowadził lud wybrany przez pustynię,

Pan nie pozwolił mu wstąpić do Kanaanu. Wtedy Mojżesz powiedział:

Chciałbym przejść, by zobaczyć tę piękną ziemię za Jordanem...

Pana jednak oburzyła jego prośba i rzekł: *Dość, nie mów Mi o tym więcej! Podnieś oczy na zachód, północ, południe, wschód i oglądaj krainę na własne oczy, bo tego Jordanu nie przejdziesz.*

Tak oto Pan odpłacił Mojżeszowi za jego nadludzkie wysiłki. Nie pozwolił mu dotknąć stopą Ziemi Obiecanej. Co by się stało, gdyby Mojżesz nie posłuchał?

Eliasz znów zwrócił swe myśli ku niebiosom.

„Panie mój, ta bitwa nie między Asyryjczykami i Fenicjanami się rozegrała, lecz między Tobą a mną. Nie ostrzegłeś mnie przed naszą osobliwą wojną i – jak zawsze – zwyciężyłeś i sprawiłeś, że wypełniła się Twoja wola. Unicestwiłeś kobietę, którą kochałem i miasto, które mnie przygarnęło, gdy byłem z dala od mej ojczyzny".

Wiatr mocniej zaszumiał mu w uszach. Eliasz poczuł strach, ale nie przerywał.

„Nie mogę przywrócić jej z martwych, lecz mogę odmienić bieg Twego dzieła zniszczenia. Mojżesz posłuchał Twojej woli i nie przeszedł przez rzekę. Ja jednak nie dam za wygraną. Zabij mnie teraz, bo jeśli pozwolisz mi dotrzeć do bram miasta, odbuduję to, co chciałeś zmieść z oblicza ziemi. I oprę się Twym zamysłom".

Zamilkł. Wstrzymał oddech i czekał na śmierć. Wsłuchiwał się jedynie w szmer kroków na piasku, nie chciał już słyszeć głosu aniołów ani gróźb z niebios. Jego serce było wolne, nie drżało już przed tym, co mogło nadejść. Ale w głębi duszy coś go zaczęło niepokoić – tak jakby zapomniał o czymś ważnym.

Chłopiec zatrzymał się.

– Jesteśmy na miejscu – rzekł.

Eliasz otworzył oczy. Nie poraził go ogień niebieski, a przed nim leżały zniszczone mury Akbaru. Popatrzył na chłopca, który ściskał jego dłoń, jakby bał się, że mu ucieknie. Czy go kochał? Nie wiedział. Jednak te rozważania mógł zostawić sobie na później, teraz miał do wykonania zadanie, pierwsze od wielu lat nie powierzone mu przez Boga.

Czuł swąd spalenizny. Drapieżne ptaki krążyły po niebie, czekając tylko stosownej chwili, by rzucić się na trupy wartowników rozkładające się w słońcu. Eliasz podszedł do jednego z zabitych żołnierzy i wziął jego miecz. W nocnym zamęcie Asyryjczycy zapomnieli zabrać broń znajdującą się poza miastem.

– Po co ci to? – zapytał chłopiec.

– Do obrony.

– Tam już nie ma Asyryjczyków.

– Jeśli nawet, lepiej mieć to przy sobie. Musimy być gotowi na wszystko.

Głos mu drżał. Niepodobieństwem było przewidzieć, co się stanie w chwili, gdy miną rozwalone mury, ale gotów był zabić każdego, kto poważyłby się go upokorzyć.

– Zostałem zniszczony tak samo jak to miasto – odezwał się do chłopca. – Ale tak samo jak to miasto, jeszcze nie wypełniłem do końca swej misji.

Dziecko uśmiechnęło się.

– Mówisz jak dawniej – powiedział.

– Nie daj się oszukać słowom. Dawniej moim celem było zrzucenie Jezabel z tronu i oddanie

Izraela Panu. Teraz jednak, skoro On o nas zapomniał, i my winniśmy zapomnieć o Nim. Moją misją jest wypełnienie twej prośby.

Chłopiec spojrzał na niego nieufnie.

– Bez Boga moja matka nie powróci z martwych.

Eliasz pogładził go po głowie.

– Tylko ciało twej matki odeszło. Ona jest zawsze z nami i – tak jak powiedziała – jest Akbarem. Musimy pomóc jej odzyskać dawne piękno.

Miasto było niemal wyludnione. Starcy, kobiety i dzieci błąkali się po ulicach, tak jak poprzedniej nocy. Nie wiedzieli, co dalej począć.

Chłopiec zauważył, że za każdym razem, kiedy kogoś mijali, Eliasz chwytał za rękojeść miecza. Ale ludzie pozostawali obojętni. Większość rozpoznawała izraelskiego proroka, niektórzy witali go skinieniem głowy, ale nikt się nie odezwał.

„Zatracili nawet uczucie złości" – pomyślał, spoglądając na Piątą Górą, której szczyt pokrywały wieczne chmury. Wtedy przypomniał sobie słowa Pana:

Rzucę wasze trupy na trupy waszych bożków, będę się brzydzić wami. Ziemia wasza będzie spustoszona, miasta wasze zburzone.

Co się zaś tyczy tych, co pozostaną, ześlę do ich serc lękliwość, będzie ich ścigać szmer unoszonego wiatrem liścia. Będą padać nawet wtedy, kiedy nikt nie będzie ich ścigał.

Oto co uczyniłeś, Panie – myślał Eliasz. Wypełniło się Twe słowo i żywe trupy tułają się po ziemi. A Akbar został wybrany, by dać im schronienie. Doszli do głównego placu, usiedli na zgliszczach i rozejrzeli się wokół siebie. Zniszczenie było większe i straszniejsze, niż myślał. Dachy większości domów zawaliły się, brud i insekty zawładnęły wszystkim.

– Trzeba pochować zmarłych, bo inaczej zaraza wtargnie do miasta.

Chłopiec miał spuszczone oczy.

– Podnieś głowę – powiedział do niego Eliasz. – Musimy ciężko pracować, aby zadowolić twą matkę.

Ale syn wdowy nie słuchał. Zaczynało do niego docierać, że gdzieś w tych ruinach spoczywa ciało tej, która dała mu życie, i że to ciało musi wyglądać tak jak wszystkie inne rozrzucone wokół.

Eliasz nie nalegał. Wstał, chwycił leżącego w pobliżu trupa i zaniósł go na środek placu. Nie mógł przypomnieć sobie wskazań Pana dotyczących pochówku. Wiedział tylko, że trzeba się bronić przed zarazą, a jedynym sposobem było spalenie zwłok.

Pracował cały ranek. Chłopiec nie ruszył się z miejsca, ani na chwilę nie podniósł wzroku, za to wypełnił przyrzeczenie dane matce – żadna jego łza nie spadła na akbarską ziemię.

Jakaś kobieta przystanęła i zaczęła przyglądać się pracy Eliasza.

– Człowiek, który rozwiązywał problemy żywych, teraz uprząta ciała zabitych – skomentowała.

– Gdzie są akbarscy mężczyźni? – zapytał Eliasz.

– Odeszli, zabierając ze sobą to, co się ostało. Teraz nie ma już tutaj nic, dla czego warto byłoby zostać. W mieście są tylko ci, którzy nie mają dokąd pójść: starcy, wdowy i sieroty.

– Przecież żyli tu od wielu pokoleń. Nie można tak łatwo się poddawać.

– Spróbuj wytłumaczyć to komuś, kto wszystko stracił.

– Pomóż mi – poprosił Eliasz, zarzucając sobie na plecy kolejne zwłoki, by je zanieść na stos. – Spalimy je, aby nie nawiedził nas bóg zarazy. On ma wstręt do swądu palonych ciał.

– Niechaj przyjdzie bóg zarazy – odezwała się kobieta. – I niech zabierze nas wszystkich, byle szybko.

Eliasz pracował bez chwili wytchnienia. Kobieta usiadła obok chłopca i przyglądała mu się. Po chwili znów do niego podeszła.

– Dlaczego chcesz ocalić potępione miasto?

– Jeśli zatrzymam się, by rozmyślać, nie będę mógł działać wedle mojej woli – odpowiedział.

Stary pasterz miał rację. Teraz trzeba było zapomnieć o przeszłości pełnej niepewności i stworzyć sobie nową historię. Dawny prorok zginął w płomieniach wraz z ukochaną kobietą. Teraz był człowiekiem pozbawionym wiary w Boga, targanym wątpliwościami. Ale wciąż żył, mimo iż przeklął swego Boga. Skoro chciał iść dalej własną drogą, musiał posłuchać rady pasterza.

Kobieta wybrała lżejsze ciało i pociągnęła je za nogi aż do stosu ułożonego przez Eliasza.

– To nie ze strachu przed bogiem zarazy – wyjaśniła. – Ani nie dla Akbaru, bo wkrótce powrócą tu Asyryjczycy, lecz przez wzgląd na tego chłopca siedzącego ze spuszczoną głową, chcę żeby zrozumiał, że przed nim jest jeszcze całe życie.

– Dziękuję ci – powiedział Eliasz.

– Nie dziękuj. Gdzieś tu, w gruzach, znajdziemy zwłoki mego syna. Miał mniej więcej tyle lat, co ten chłopiec.

Zakryła twarz dłońmi i zapłakała. Eliasz delikatnie wziął ją za ramię.

– Ból, który nęka ciebie i mnie, nie przeminie nigdy, ale ta praca pomoże nam go znieść. Cierpienie nie ima się zmęczonego ciała.

Poświęcili cały dzień temu makabrycznemu zajęciu – znosili na stos trupy, w większości młodych ludzi, których Asyryjczycy uznali za żołnierzy Akbaru. Pośród nich rozpoznał kilku przyjaciół i zapłakał – lecz ani na chwilę nie przerwał pracy.

Pod wieczór byli wyczerpani do cna. A choć końca tej roboty nie było widać, nikt z mieszkańców Akbaru nie przyszedł im z pomocą.

Wrócili do chłopca. Po raz pierwszy podniósł głowę.

– Jestem głodny – powiedział.

– Pójdę czegoś poszukać – odparła kobieta. – Wszędzie jest pod dostatkiem ukrytej żywności, ludzie przygotowywali się do długiego oblężenia.

– Przynieś jedzenie dla mnie i dla siebie, bo pracowaliśmy dla miasta w pocie czoła – odezwał się Eliasz. – Jeśli ten mały chce jeść, musi sam zadbać o siebie.

Kobieta zrozumiała, postąpiłaby tak samo z własnym synem. Udała się tam, gdzie kiedyś stał jej dom. Rabusie przewrócili wszystko do góry nogami w poszukiwaniu drogocennych przedmiotów. Cała jej kolekcja dzbanów, wykonana przez najwspanialszych mistrzów szkła w Akbarze, leżała potłuczona na ziemi. Jednak znalazła suszone owoce i zapas mąki.

Wróciła na plac i podzieliła się żywnością z Eliaszem. Chłopiec nie odezwał się ani słowem.

Podszedł do nich jakiś starzec.

– Widziałem, że cały dzień zbieraliście trupy – odezwał się. – Tracicie czas. Czyżbyście nie wiedzieli, że Asyryjczycy wrócą, gdy tylko podbiją Tyr i Sydon. Oby bóg zarazy tu zamieszkał i zniszczył ich wszystkich.

– Nie robimy tego ani dla nich, ani dla nas samych – odparł Eliasz. – Ta kobieta pracuje, aby pokazać temu dziecku, że jeszcze istnieje przyszłość. Ja zaś chcę udowodnić, że nie ma przeszłości.

– Cóż za niespodzianka! Więc prorok nie jest już zagrożeniem dla wielkiej tyryjskiej księżniczki? Jezabel będzie panować nad Izraelem do końca swych dni i zawsze znajdziemy tam schronienie, jeśli Asyryjczycy nie okażą się wspaniałomyślni dla zwyciężonych.

Eliasz nic nie odpowiedział. Imię, które kiedyś budziło w nim nienawiść, dziś brzmiało dziwnie obco.

– Akbar i tak zostanie odbudowany – ciągnął starzec. – To bogowie wybierają miejsca, gdzie mają powstać miasta i nie opuszczają ich. Możemy zostawić tę pracę przyszłym pokoleniom.

– Możemy, lecz tego nie zrobimy.

Eliasz odwrócił się plecami do starca, ucinając rozmowę.

Spali we trójkę pod gołym niebem. Kobieta przytuliła chłopca i usłyszała jak z głodu burczy mu w brzuchu. Pomyślała, czy nie dać mu czegoś do zjedzenia, lecz zmieniła zaraz zdanie. Zmęczenie fizyczne naprawdę zmniejszało ból, a to cierpiące dziecko musiało się czymś zająć. Może głód przekona je do pracy.

Następnego dnia Eliasz z kobietą znów znosili trupy na stos. Podszedł starzec, który rozmawiał z nimi minionego wieczoru.

– Nie mam nic do roboty i mogę wam pomóc – odezwał się. – Ale jestem zbyt słaby, by dźwigać ciała.

– Zbieraj zatem drewna i cegły. Potem będziesz rozsypywał prochy.

Starzec zabrał się do pracy.

Gdy słońce stanęło w zenicie, Eliasz usiadł na ziemi całkowicie wyczerpany. Wiedział, że jego anioł jest tuż obok, ale że nie może go już usłyszeć. „Zresztą po co? Nie potrafił pomóc mi, gdy tego potrzebowałem, a teraz nie chcę jego rad. Jedyne czego pragnę, to dźwignąć z ruin to miasto, pokazać Bogu, że potrafię stawić Mu czoła, a potem wyruszyć dokąd mnie oczy poniosą".

Jerozolima była blisko, zaledwie o siedem dni drogi, ale tam był poszukiwany za zdradę. Może byłoby lepiej udać się do Damaszku, albo poszukać posady skryby w jakimś greckim mieście.

Poczuł, że ktoś go dotyka. Odwrócił się i zobaczył chłopca z małym dzbankiem w dłoniach.

– Znalazłem to w jednym z domów.

Dzbanek był pełen wody. Eliasz wypił do dna.

– Zjedz coś, pracujesz i zasłużyłeś na zapłatę.

Po raz pierwszy od tragicznej nocy na ustach dziecka pojawił się uśmiech. Syn wdowy pobiegł pędem do miejsca, gdzie kobieta zostawiła suszone owoce i mąkę.

Eliasz wchodził do zburzonych domów, spod gruzów wyciągał trupy i wynosił je na stos wzniesiony na środku placu. Rana znów mu się otworzyła, bo spadły bandaże założone przez pasterza, ale nie zwrócił na to uwagi. Musiał udowodnić sam sobie, że miał dość siły, by odzyskać godność.

Starzec, który teraz zbierał śmieci rozrzucone po placu, miał rację. Wkrótce nadejdzie wróg i zerwie owoce z drzewa, którego nie zasadził. Eliasz oszczędzał pracy zabójcom jedynej kobiety, którą kochał w całym swoim życiu, choć wiedział, że przesądni Asyryjczycy i tak odbudują Akbar. Wierzyli, iż bogowie rozmieszczają miasta według ściśle określonego porządku, w harmonii z dolinami, zwierzętami, rzekami i morzami. Zatem w każdym z miast zachowali uświęcone miejsce, gdzie mogli odpocząć po trudach długich podróży po świecie, bowiem kiedy upadało jakieś miasto, zawsze istniało niebezpieczeństwo, że niebiosa spadną na ziemię.

Legenda głosiła, że przed setkami lat założyciel Akbaru przechodził tędy, idąc z północy. Postanowił zatrzymać się tu na spoczynek, a dla oznaczenia miejsca, gdzie zostawił swoje tobołki, wbił w ziemię kij. Następnego dnia nie zdołał go wyrwać i pojął wolę wszechświata. Położył kamień tam, gdzie cud się wydarzył, a w pobliżu odkrył źródło. Z czasem wokół kamienia i źródła zaczęły się osiedlać plemiona i narodził się Akbar.

Pewnego razu namiestnik wytłumaczył Eliaszowi, że według fenickiej tradycji, każde miasto było *trzecim punktem*, elementem łączącym wolę niebios z wolą ziemi. Prawa wszechświata sprawiały, że ziarno stawało się rośliną, że gleba zapewniała mu rozwój, że człowiek je zbierał i przynosił do miasta, że poświęcał je i zanosił na święte góry. Mimo iż Eliasz niewiele podróżował, wiedział że wiele narodów na świecie podzielało tę wiarę.

Asyryjczycy bali się pozbawić strawy bogów Piątej Góry i położyć kres równowadze Wszechświata.

„Dlaczego myślę o tym wszystkim, skoro jest to walka między moją wolą i wolą Wiekuistego, który zostawił mnie samego pośród strapień? ”

Doznanie z poprzedniego dnia, kiedy rzucił Bogu wyzwanie, znów powróciło. Zapomniał o czymś ważnym i choć wytężał pamięć, nijak nie mógł sobie tego przypomnieć.

Minął kolejny dzień. Zebrali już większość ciał, gdy podeszła jakaś nieznana kobieta.

– Nie mam co jeść – powiedziała.

– Ani my – odparł Eliasz. – Wczoraj i dziś dzieliliśmy na trzy osoby porcję, która starczała zaledwie dla jednej. Poszukaj, gdzie można znaleźć żywność i daj mi znać.

– Jak ją znaleźć?

– Zapytaj dzieci. One wiedzą wszystko.

Od czasu, gdy przyniósł mu wodę, chłopiec zaczął odzyskiwać chęć do życia. Jednak wysłany przez Eliasza do pomocy starcowi przy porządkowaniu śmieci i gruzów, nie wytrwał długo przy tym zajęciu. Teraz bawił się na placu z innymi dziećmi.

„Tak jest lepiej – myślał Eliasz. Jeszcze ma czas na to, by poznać co to trud, pozna go i tak jak dorośnie". Ale nie żałował, że zostawił chłopca o głodzie przez jedną noc. Gdyby się nad nim litował, potraktował go jak sierotę, nieszczęsną ofiarę okrucieństwa asyryjskich zabójców, chłopiec nigdy nie dźwignąłby się z przygnębienia. Teraz Eliasz miał zamiar zostawić go w spokoju przez kilka dni, by sam znalazł odpowiedzi na to, co się stało.

– Skąd dzieci mogą wiedzieć cokolwiek? – zapytała ta kobieta, która prosiła o jedzenie.

– Sama się dowiedz.

Kobieta i starzec, którzy pomagali Eliaszowi, widzieli jak rozmawiała z dziećmi bawiącymi się na ulicy. Powiedziały jej kilka słów, kobieta odwróciła się, uśmiechnęła i zniknęła za rogiem.

– Jak odkryłeś, że dzieci coś wiedzą? – zapytał starzec.

– Bo sam kiedyś byłem dzieckiem i wiem, że dzieci nie znają przeszłości – odparł Eliasz, znowu przypominając sobie rozmowę z pasterzem. – Przeraził je nocny atak, ale tego nie rozpamiętują. Miasto stało się dla nich ogromnym placem zabaw, mogą chodzić wszędzie i nikt ich nie karci. Wcześniej czy później odkryją zapasy żywności schowane przez mieszkańców na wypadek oblężenia. Dziecko może nauczyć dorosłych trzech rzeczy: cieszyć się bez powodu, być ciągle czymś zajętym i ze wszystkich sił domagać się tego, czego pragnie. To przez tego chłopca wróciłem do Akbaru.

Tego wieczora inni starcy i inne kobiety również zaczęli zbierać zwłoki. Dzieci odganiały drapieżne ptaki, znosiły kawałki drewna i strzępy płótna. Gdy zapadła noc, Eliasz rozpalił ogień pod wielkim stosem ciał. Ci, którzy przeżyli, patrzyli w ciszy na dym unoszący się do nieba.

Wycieńczony pracą Eliasz ułożył się na ziemi,

lecz nim zasnął, doznanie tego ranka powróciło raz jeszcze. Coś niezwykle ważnego przedzierało się rozpaczliwie do jego pamięci. Nie było to nic, czego nauczył się w Akbarze, lecz jakaś dawna historia, która miała nadać sens wszystkiemu, co się teraz działo.

Owej nocy ktoś wszedł do namiotu Jakuba i zmagał się z nim aż do wschodu jutrzenki, a widząc, że nie może go pokonać, rzekł: „Puść mnie".

Jakub odpowiedział: „Nie puszczę cię, dopóki mi nie pobłogosławisz!"

Wtedy tamten rzekł mu: „Niczym książę walczyłeś z Bogiem. Jakie masz imię?"

Jakub wyjawił mu swe imię, a tamten odpowiedział: „Odtąd będziesz się zwał Izrael".

Eliasz zbudził się nagle w środku nocy i popatrzył w niebo. To była ta brakująca historia!

Dawno temu, gdy patriarcha Jakub rozbił swój obóz, ktoś wszedł nocą do jego namiotu i walczył z nim do wschodu słońca. Jakub stanął do walki, choć wiedział że jego przeciwnikiem był sam Bóg. O świcie nie dawał jeszcze za wygraną i walka trwała dopóki Wiekuisty nie zgodził się go pobłogosławić.

Tę historię przekazywano z pokolenia na pokolenie, aby nikt nie zapomniał, że *niekiedy trzeba walczyć z Bogiem*. W życie każdego człowieka pewnego dnia wdziera się tragedia – zniszczenie miasta, śmierć dziecka, oskarżenie bez powodu, choroba, która okalecza na zawsze. Wtedy Bóg każe człowiekowi stanąć naprzeciw Niego twarzą w twarz i odpowiedzieć na Jego pytanie: „Dlaczego kurczowo czepiasz się egzystencji tak ulotnej i tak pełnej cierpienia? Jaki jest sens twej walki? ”

Człowiek, który nie potrafi odpowiedzieć, poddaje się. Zaś ten, który poszukuje sensu życia, uznaje że Bóg jest niesprawiedliwy i rzuca wyzwanie losowi. Wtedy z nieba spływa ogień, nie ten, który zabija, lecz ten, który burzy dawne mury i uświadamia człowiekowi jego prawdziwe możliwości. Tchórz nigdy nie dopuści, by jego serce zapłonęło tym ogniem. Jedyne czego pragnie, to by sytuacja wróciła do poprzedniego stanu, żeby mógł żyć i myśleć jak kiedyś. Natomiast odważni podkładają ogień pod tym, co stare – choćby za cenę ogromnego cierpienia – i porzucają wszystko, nawet Boga, i ruszają naprzód.

„Odważni są zawsze uparci" – pomyślał Eliasz.

Pan uśmiechał się radośnie z niebios – tego właśnie pragnął: aby każdy wziął w swoje ręce odpowiedzialność za własne życie. Ostatecznie dał swoim dzieciom dar największy ze wszystkich – zdolność wyboru i decydowania o swych czynach.

Jedynie te kobiety i ci mężczyźni, w których sercach płonie święty ogień, mają odwagę się z Nim zmierzyć. I tylko oni znają drogę powrotu do Jego miłości, bo w końcu rozumieją, że tragedia nie jest karą lecz wyzwaniem.

Eliasz przyjrzał się raz jeszcze swojemu życiu. Od chwili gdy porzucił warsztat ciesielski, przyjmował swą misję bez słowa sprzeciwu. Nawet jeśli była słuszna – a tak przecież sądził – nigdy nie miał sposobności sprawdzić, co działoby się na ścieżkach, na które zabronił sobie wstępu, z obawy, że utraci wiarę, oddanie, chęć służenia Panu. Gdyby zboczył na inne ścieżki, istniało ryzyko, że polubi życie zwykłego człowieka, zaniecha swej misji. Nie rozumiał, że on też był taki jak inni, choć słyszał anioły i choć od czasu do czasu Bóg wydawał mu rozkazy. Tak mocno był przekonany o tym, iż wie czego chce, że zachowywał się jak ci, którzy nigdy w życiu nie podjęli ważnej decyzji.

Uciekał przed wątpliwościami, przed porażką, przed chwilami niepewności. Ale Pan okazał się łaskawy i przyprowadził go na skraj nieuniknionego, aby mu pokazać, że człowiek musi *wybierać*, i że nie wolno mu *godzić się* na swój los.

Wiele lat temu, pewnej podobnej do tej nocy, Jakub nie pozwolił Bogu odejść, nim Bóg go nie pobłogosławił. Wtedy Pan zapytał go: *Jakie masz imię?*

To było ważne: mieć imię. A gdy Jakub odpowiedział, jak ma na imię, Bóg nadał mu nowe: *Izrael*. Każdy z nas ma imię od kołyski, ale musi być zdolny wybrać dla swojego życia nowe imię, aby nadać mu sens.

„Jestem *Akbarem*" – powiedziała wdowa.

Potrzeba było aż zagłady miasta i utraty ukochanej kobiety, aby Eliasz pojął, że potrzebne mu imię. I nadał swojemu losowi imię *Wyzwolenie*.

Podniósł się i popatrzył na plac. Dym wciąż unosił się z prochów tych, którzy stracili życie. Podkładając ogień pod te ciała, sprzeniewierzył się prastaremu obyczajowi swego kraju, który nakazywał chować zmarłych zgodnie z rytuałem. Decydując się na spalenie zwłok, podjął walkę z Bogiem i tradycją, ale czuł, że nie ma w tym grzechu, gdyż trzeba było znaleźć nowe rozwiązanie dla nowej sytuacji. Bóg jest nieskończony w swym miłosierdziu i nieubłagany w swej surowości dla tych, którym brak odwagi, by się odważyć...

Znów objął wzrokiem plac: niektórzy nie położyli się jeszcze spać, patrzyli w płomienie, jakby

ogień pożerał również ich wspomnienia, przeszłość, dwieście lat pokoju i bierności Akbaru.
Czas strachu i oczekiwania minął. Teraz została jedynie odbudowa albo klęska.

Mogli, jak Eliasz, wybrać dla siebie imiona. *Po-
jednanie, Mądrość, Kochanek, Pielgrzym* – możliwości wyboru było tyle, co gwiazd na niebie, ale
każdy musiał nadać imię swemu życiu.

Eliasz podniósł się i zaczął modlić:

„Walczyłem przeciw Tobie, Panie, ale mi nie
wstyd. Dzięki temu odkryłem, że idę moją drogą,
bo tak wybrałem, a nie dlatego, że mi ją narzucili
rodzice, tradycja mego kraju, albo Ty sam.

Do Ciebie pragnę teraz powrócić, Panie. Chcę Ci
ofiarować całą siłę mojej woli, nie zaś tchórzostwo
człowieka, który nie potrafi wybrać innej drogi. Jednak, abyś powierzył mi Twą ważną misję, muszę
walczyć z Tobą, aż mnie pobłogosławisz.

Odbudowę Akbaru Eliasz uważał za wyzwanie
rzucone Bogu, w istocie była pojednaniem z Nim.

Kobieta, która prosiła o jedzenie, zjawiła się następnego ranka w towarzystwie innych kobiet.

– Znalazłyśmy dużo jedzenia – powiedziała. – Ponieważ wielu ludzi zginęło, a inni uciekli razem z namiestnikiem, starczy nam zapasów na cały rok.

– Zgromadź ludzi starszych, aby pilnowali podziału żywności – odparł. – Oni mają doświadczenie w organizacji.

– Starcom nie chce się już żyć.

– Mimo to poproś ich, żeby przyszli.

Kobieta już miała odejść, gdy Eliasz odezwał się:

– Umiesz pisać, posługując się literami?

– Nie.

– Ja potrafię i mogę cię nauczyć. Przyda ci się, gdy będziesz mi pomagała w kierowaniu miastem.

– Ale przecież Asyryjczycy wrócą.

– Kiedy nadejdą, będą potrzebowali naszej pomocy w zarządzaniu sprawami miasta.

– Mam pomagać wrogowi?

– Zrób to, aby każdy mógł nadać imię swemu życiu. Wróg jest tylko pretekstem, by wystawić na próbę naszą siłę.

Starcy przyszli, tak jak przewidywał.

– Akbar potrzebuje waszej pomocy – zwrócił się do nich. – Teraz nie możecie sobie pozwolić na luksus starości, potrzebna nam wasza utracona młodość.

– Nie wiemy, gdzie jej szukać – odparł jeden z nich. – Skryła się za zmarszczkami i rozczarowaniami.

– To nieprawda. Młodość się przed wami ukryła, bo nigdy nie mieliście złudzeń. Nadszedł czas, by ją odnaleźć, bowiem mamy wspólne marzenie: chcemy odbudować Akbar.

– Jak możemy dokonać rzeczy niemożliwej?

– Z entuzjazmem.

Załzawione smutkiem i przygnębieniem oczy pragnęły zabłysnąć na nowo. Nie byli to już bezużyteczni mieszkańcy, którzy przysłuchiwali się sądom, aby mieć o czym rozprawiać po zmroku. Dostali ważną misję, byli potrzebni.

Bardziej krzepcy wybierali z pogorzelisk jeszcze zdatny materiał i używali go do naprawy budynków, które się ostały. Najstarsi pomagali rozsiewać po polach popiół ze spalonych ciał, aby wspomnienie o zmarłych mogło odżyć w przyszłych zbiorach, inni zajęli się sortowaniem ziarna rozrzuconego po całym mieście, wypiekiem chleba i czerpaniem wody ze studni.

Minęły dwie noce. Eliasz zebrał wszystkich mieszkańców na niemal uprzątniętym ze zgliszcz placu. Zapalono kilka pochodni i zaczął mówić.

– Nie mamy wyboru. Możemy tę pracę zostawić obcym, ale to oznaczałoby odrzucenie jedynej szansy, jaką nam daje tragedia – szansy odbudowy naszego życia.

Prochy zmarłych, których ciała spaliliśmy przed kilkoma dniami, wiosną zasilą kiełkujące rośliny. Syn, który zginął w noc napaści, stał się wieloma dziećmi, które biegają bez opieki po ruinach. Dziś jedynie dzieci zdołały przezwyciężyć wydarzenia dramatycznej nocy, bo dla nich nie ma przeszłości – liczy się tylko teraźniejszość. Spróbujmy pójść ich śladem.

– Czy człowiek potrafi wyrzucić z serca ból po stracie? – spytała jakaś kobieta.

– Nie, ale może cieszyć się z wygranej.

Eliasz odwrócił się, wskazał Piątą Górę jak za-

wsze pokrytą chmurami. Po zburzeniu murów je
szczyt widoczny był ze środka placu.

– Ja wierzę w Boga Jedynego, wy, w bogów
mieszkających w tych chmurach, na szczycie Piątej
Góry. Nie chcę teraz spierać się, czy mój Bóg jest
silniejszy od waszych bogów, nie chcę mówić
o tym, co nas dzieli, lecz tylko o tym, co nas łączy.
Tragedia sprawiła, że wszyscy odczuwamy taką samą rozpacz. Dlaczego tak się stało? Bo sądziliśmy,
że na wszystko mamy już gotową odpowiedź, i nie
godziliśmy się na żadną zmianę.

I wy i ja należymy do narodów kupieckich, ale
każdy z nas umie też przedzieżgnąć się w wojownika – ciągnął dalej. – A wojownik zawsze wie, o co
warto walczyć. Nie podejmuje bitwy o sprawy
błahe i nie traci czasu na zaczepki.

Wojownik godnie przyjmuje porażkę. Nie jest mu
obojętna, ale też nie stara się przemienić jej w zwycięstwo. Ból porażki napełnia go goryczą, cierpi głód
i chłód, a samotność doprowadza go do rozpaczy.
A kiedy mija najgorsze, leczy swe rany i zaczyna
wszystko od nowa. Wojownik wie, że wojna składa
się z wielu bitew, dlatego idzie naprzód.

Tragedie zdarzają się wszędzie. Możemy doszukiwać się przyczyn, winić innych, wyobrażać sobie
jak odmienne byłoby bez nich nasze życie. Ale
wszystko to nie ma znaczenia, zdarzyły się i to już
od nas nie zależy. Musimy zapomnieć o strachu,
jaki wywołały, i rozpocząć odbudowę.

Każdy z was nada sobie teraz nowe imię. Będzie
to imię święte, które zespala w jednym słowie
wszystko to, o co pragnęliście walczyć. Ja dla siebie wybrałem imię *Wyzwolenie.*

Na placu zapadła cisza. Wkrótce jednak podniosła się kobieta, która pierwsza przyszła Eliaszowi z pomocą.

– Moim imieniem jest *Odnalezienie.*

– Moim *Mądrość* – powiedział jakiś starzec.

Syn wdowy, którą Eliasz tak ukochał, zawołał:

– Moim imieniem jest *Alfabet.*

Na placu rozległ się śmiech. Chłopiec usiadł, zawstydzony.

– Jak można nazywać się *Alfabet?* – krzyknęło jakieś dziecko.

Eliasz mógł się wtrącić, ale wolał żeby chłopiec nauczył bronić się sam.

– To dlatego, że moja mama tym się zajmowała – dodał syn wdowy. – Ile razy popatrzę na namalowane litery, będę myślał o niej.

Tym razem nikt się nie śmiał. Jeden po drugim: sieroty, wdowy i starcy Akbaru, wypowiadali swe imiona określające ich nową tożsamość. Gdy ceremonia dobiegła końca, Eliasz poprosił, by wszyscy wcześnie poszli spać. Czekał ich kolejny dzień żmudnej pracy.

Wziął chłopca za rękę i obydwaj poszli tam, gdzie rozwiesili na kształt namiotu kilka kawałków płótna.

Od tej chwili zaczął uczyć syna wdowy pisma z Byblos.

Upływały dni i tygodnie – Akbar się zmieniał. Chłopiec szybko nauczył się malować litery i potrafił już składać słowa mające sens. Eliasz zlecił mu spisanie na glinianych tabliczkach dziejów odbudowy miasta.

Gliniane tabliczki wypalano w zaimprowizowanym piecu, a para staruszków układała je z pietyzmem w archiwach. Podczas wieczornych zebrań Eliasz wypytywał najstarszych ludzi o ich wspomnienia z dzieciństwa i zapisywał zasłyszane opowieści.

– Przechowamy pamięć Akbaru w czymś, czego nie strawi ogień – tłumaczył. – Pewnego dnia nasze dzieci i wnuki dowiedzą się, że nie pogodziliśmy się z klęską i przezwyciężyliśmy nieuniknione. Może posłuży im to za przykład.

Co noc, po lekcji pisania z chłopcem, Eliasz szedł pustym miastem aż do drogi prowadzącej do Jerozolimy. Chciał opuścić Akbar, chciał wrócić do ojczyzny, lecz za każdym razem zawracał.

Ciężar zadania, którego się podjął, zmuszał go, by skupiał się na teraźniejszości. Wiedział, że mieszkańcy Akbaru liczyli na niego przy odbudowie. Już raz ich zawiódł, bo nie potrafił zapobiec śmierci szpiega i wojnie. Lecz Bóg zawsze daje swym dzieciom powtórną szansę i musiał ją wykorzystać. Poza tym przywiązywał się coraz bardziej do chłopca i pragnął nauczyć go nie tylko liter z Byblos, ale również wiary w Pana i mądrości przodków.

Nie zapominał jednak nigdy, że w jego ziemi panuje obca księżniczka i obcy bóg. Aniołowie z ognistymi mieczami nie zjawili się więcej, mógł więc odejść, kiedy tylko zechce i czynić, co tylko zapragnie.

Każdej nocy myślał o powrocie. Każdej nocy wznosił ręce do nieba i modlił się gorąco:

„Jakub walczył jedną noc i o świcie uzyskał błogosławieństwo. Ja walczyłem przeciw Tobie długie dnie i miesiące, a Ty nie chcesz mnie wysłuchać. Jednak gdy spojrzysz wokół, pojmiesz że zwyciężam. Akbar podnosi się z ruin, a ja odbuduję to, co Ty – mieczami Asyryjczyków – obróciłeś w proch i pył.

Będę walczył z Tobą dopóty, dopóki nie pobłogosławisz mnie i owocu mego trudu. Nadejdzie dzień, gdy będziesz musiał mi odpowiedzieć".

Kobiety i dzieci nosiły wodę na pola, by walczyć z suszą, która nie miała końca. Pewnego dnia, gdy słońce paliło niemiłosiernie, Eliasz usłyszał czyjąś uwagę:

– Pracujemy bez wytchnienia, już nie pamiętamy rozpaczy tamtej nocy, zapomnieliśmy nawet, że Asyryjczycy wrócą, gdy tylko złupią Tyr, Sydon, Byblos i całą Fenicję. I tak jest dobrze. Jednak jesteśmy tak pochłonięci odbudową miasta, że nie widzimy zmian – nie widzimy rezultatu naszego trudu.

Eliasz zamyślił się nad tymi słowami. Wymagał odtąd, żeby pod koniec każdego dnia pracy ludzie zbierali się u stóp Piątej Góry i wspólnie oglądali zachody słońca.

Najczęściej byli tak zmęczeni, że prawie nic nie mówili, odkryli jednak, jak ważne jest, by myśl błądziła bez celu, niczym chmury po niebie. W ten sposób niepokoje ulatywały z ich serc i mieli dość zapału na następny dzień.

Eliasz obudził się i oznajmił, że nie będzie pracował.

– Dzisiaj w moim kraju świętuje się Dzień Przebaczenia.

– W twojej duszy nie ma winy – zauważyła jakaś kobieta. – Zrobiłeś, co było w twojej mocy.

– Ale tradycji musi stać się zadość i uszanuję ją.

Kobiety poszły z wodą na pola, starcy zajęli się wznoszeniem ścian i pracami ciesielskimi przy oprawie okien i drzwi. Dzieci pomagały formować małe gliniane tabliczki, które następnie wypalano. Eliasz patrzył na to i cieszył się. Potem wstał i wyszedł z miasta, kierując się ku dolinie.

Szedł bez celu, wypowiadając modlitwy z dzieciństwa. Słońce nie całkiem jeszcze wzeszło, gigantyczny cień Piątej Góry przesłaniał dolinę. Eliasz miał straszliwe przeczucie, że walka między Bogiem Izraela a bogami Fenicji trwać będzie przez wiele pokoleń i wiele tysiącleci.

Przypomniał sobie noc, gdy wspiął się na szczyt góry i rozmawiał z aniołem. Od czasu zniszczenia Akbaru, nigdy więcej nie słyszał głosów z nieba. „Panie – rzekł zwracając się w stronę Jerozolimy. – dziś jest Dzień Przebaczenia. Moje grzechy wobec ciebie długo by wyliczać. Byłem słaby, bo zapomniałem o własnej sile. Byłem litościwy, gdy trzeba było być twardym. Nie dokonywałem wyborów z obawy przed popełnieniem błędu. Poddałem się zbyt wcześnie i bluźniłem, gdy winienem był dziękować.

Jednak i lista Twoich win, Panie, wobec mnie jest długa. Sprowadziłeś na mnie cierpienie ponad miarę, zabierając z tego świata kogoś, kogo kochałem. Zniszczyłeś miasto, które mnie przygarnęło; nie wspierałeś mnie w moich poszukiwaniach, a Twa surowość sprawiła, że niemal zapomniałem o miłości do Ciebie. Przez cały ten czas walczyłem z Tobą, a Ty nie chcesz uznać, iż jestem godnym Ciebie przeciwnikiem.

Gdy porównać listę mych win z listą Twoich, Ty jesteś mi dłużny. Ale skoro dziś nadszedł Dzień Przebaczenia, Ty mi wybaczysz, tak jak ja wybaczam Tobie, abyśmy mogli razem iść dalej".

Wtedy poczuł podmuch wiatru i usłyszał głos swego anioła:

– Dobrze czyniłeś, Eliaszu. Pan pochwala twą walkę.

Eliasz ukląkł i ucałował spękaną od suszy ziemię doliny. Łzy spłynęły mu po policzkach.

– Dziękuję ci, że przybyłeś, bo wciąż dręczy mnie wątpliwość – czy nie zgrzeszyłem tym, co robię?

– Gdy wojownik walczy ze swym mistrzem, czyż znaczy to, iż go znieważa? – odpowiedział pytaniem anioł.

– Nie. To jedyny sposób, by poznał tajniki rzemiosła.

– A więc czyń tak dalej, póki Pan cię nie wezwie, byś wrócił do Izraela. Wstań i staraj się dowieść, że twoja walka ma sens, bowiem zdołałeś przeprawić się przez rzekę Nieuniknionego. Wielu po niej żegluje i tonie, innych prąd znosi nie tam, gdzie im było pisane, lecz ty przeprawiłeś się przez nią z godnością, potrafiłeś pokierować swą łodzią i starasz się przemienić ból w działanie.

– Szkoda, że jesteś ślepy i nie możesz zobaczyć, jak sieroty, wdowy i starcy zdołali podźwignąć z ruin miasto – odezwał się Eliasz. – Wkrótce wszystko będzie tu takie jak dawniej.

– Mam nadzieję, że nie – odparł anioł. – Zapłacili przecież wysoką cenę za to, aby odmienić swój los.

Eliasz musiał przyznać mu rację.

– Mam nadzieję, że zachowasz się jak ci ludzie, którym ofiarowano powtórną szansę – mówił dalej anioł. – Nie popełnij po raz drugi tego samego błędu. Nie zapomnij nigdy sensu twego życia.

– Nie zapomnę – odrzekł Eliasz, szczęśliwy że anioł wrócił.

Karawany nie przechodziły już doliną. Asyryjczycy zniszczyli drogi i w ten sposób zmienili trasę
handlowych szlaków. Co dzień dzieci wspinały się
na jedyną niezniszczoną wieżę obronną, by wpatry-
wać się w horyzont i w razie potrzeby, ostrzec przed
powrotem wojsk nieprzyjaciela. Eliasz zamierzał
przyjąć wroga z godnością i oddać mu dowództwo.
Wtedy mógłby odejść.
Ale dni mijały a on czuł, że Akbar staje się jego
miejscem na ziemi. Może jego powołaniem nie było wcale zrzucenie z tronu Jezabel, lecz pozostanie
z tymi ludźmi do końca swych dni i pełnienie
skromnej roli sługi asyryjskiego zdobywcy. Poma-
gałby przy odnawianiu szlaków handlowych, na-
uczyłby się języka wroga, a w wolnym czasie
mógłby zajmować się coraz bogatszą biblioteką.

To, co pewnej zagubionej już w mrokach przeszłości nocy wydawało się zagładą miasta, było
w istocie możliwością uczynienia go jeszcze pięk-

niejszym. Prace rekonstrukcyjne przewidywały poszerzenie ulic, pokrycie domostw trwalszymi dachami i budowę pomysłowego systemu doprowadzającego wodę ze studni do najodleglejszych domów. Odradzała się również jego dusza. Co dzień uczył się czegoś nowego od starców, dzieci i kobiet. To przypadkowe zbiorowisko ludzi, którzy nie byli w stanie opuścić miasta, stanowiło teraz zdyscyplinowaną i fachową ekipę.

„Gdyby namiestnik wiedział, że potrafią być tak użyteczni, zaplanowałby inaczej obronę i Akbar nie ległby w gruzach".

Eliasz zamyślił się na chwilę i zrozumiał, że to nieprawda. Akbar musiał zostać zniszczony, aby jego mieszkańcy zdołali obudzić drzemiące w nich siły.

Mijały miesiące, a Asyryjczycy nie dawali znaku życia. Akbar niemal już całkowicie dźwignął się z ruin. Kobiety szyły nowe ubrania z odzyskanych płócien, starcy przebudowywali domy i troszczyli się o higienę w mieście. Dzieci pomagały, kiedy je o to poproszono, ale przeważnie całe dnie spędzały na zabawie – gdyż taka jest główna powinność dzieci.

Mieszkał teraz z chłopcem w małym kamiennym domu wzniesionym w miejscu dawnego składu towarów. Każdej nocy mieszkańcy Akbaru siadywali wokół ogniska na głównym placu i opowiadali sobie dawne historie. Eliasz wraz z chłopcem zapisywał to wszystko na tabliczkach, które następnego dnia wypalano w piecu. Biblioteka rosła w oczach z dnia na dzień.

Kobieta, która straciła syna, również nauczyła się pisma z Byblos. Gdy potrafiła już tworzyć słowa i całe zdania, Eliasz polecił jej, by uczyła wszystkich alfabetu. Przewidywiał, że po powrocie Asyryjczyków, ludzie będą mogli pracować jako tłumacze czy nauczyciele.

– Tego właśnie chciał uniknąć kapłan – rzekł pewnego dnia jeden ze starców, który nazwał siebie *Oceanem*, bo pragnął mieć duszę tak bezkresną jak morze. – Nie chciał, żeby pismo z Byblos przetrwało i zagroziło bogom Piątej Góry.

– Któż może uniknąć nieuniknionego? – odparł Eliasz.

Ludzie pracowali za dnia, razem oglądali zachody słońca, a nocą wspominali.

Eliasz dumny był ze swego dzieła i kochał je coraz goręcej.

Jeden z chłopców obserwujących horyzont zbiegł z wieży.

– Zobaczyłem tuman kurzu w oddali! – zawołał podekscytowany. – Wróg powraca!

Eliasz wspiął się na wieżę i stwierdził, że dziecko mówi prawdę. Wedle jego obliczeń Asyryjczycy powinni dotrzeć do bram miasta następnego dnia.

Po południu polecił mieszkańcom, aby zamiast oglądać zachód słońca, zebrali się na placu. Gdy po skończonej pracy spotkał się z nimi w umówionym miejscu, zobaczył, że się boją.

– Dziś nie będziemy opowiadać historii z przeszłości, ani snuć planów na przyszłość – powiedział. – Porozmawiamy o nas samych.

Nikt się nie odezwał.

– Jakiś czas temu na niebie świecił księżyc w pełni. Tamtej nocy zdarzyło się to, co wszyscy przewidywaliśmy, ale nie chcieliśmy się z tym pogodzić –

Akbar został zniszczony. Kiedy wojsko asyryjskie odeszło, najlepsi z naszych mężów leżeli martwi. Ci, którzy ocaleli, stwierdzili, że nic tu po nich i postanowili odejść. Pozostali jedynie starcy, wdowy i sieroty, czyli ludzie niezdatni do niczego.

Rozejrzyjcie się dokoła. Dziś ten plac jest piękniejszy niż był kiedykolwiek, domy są trwalsze, żywność została rozdzielona i wszyscy uczą się pisma z Byblos. Jest w tym mieście miejsce, gdzie zgromadziliśmy zbiór tabliczek, na których spisaliśmy nasze dzieje, by następne pokolenia pamiętały o tym, czego dokonaliśmy.

Dziś wiemy, że starcy, sieroty i wdowy także odeszli. Zamiast nich została grupa młodzieńców w różnym wieku, pełnych entuzjazmu, którzy nadali imię i sens swemu życiu.

W każdej sekundzie odbudowy pamiętaliśmy, że Asyryjczycy wrócą. Wiedzieliśmy, że pewnego dnia będziemy musieli oddać im nasze miasto, a wraz z nim nasz trud, nasz pot i naszą radość, która rosła na widok piękniejącego Akbaru.

Ogień rozświetlił łzy spływające po niejednej twarzy. Nawet dzieci, które zwykle bawiły się podczas nocnych spotkań, tym razem słuchały uważnie słów Eliasza.

– Ale to nie ma znaczenia. Wypełniliśmy nasz obowiązek wobec Pana, bo podjęliśmy Jego wyzwanie i przyjęliśmy z honorem walkę z Nim. Przed tamtą nocą On wciąż mówił do nas: *Idź!* Lecz Go nie słuchaliśmy. Dlaczego?

Bo każdy z nas już zadecydował o swej przyszłości. Ja zamierzałem zrzucić Jezabel z tronu, kobieta, która dziś zwie się *Odnalezienie* pragnęła, aby jej syn został żeglarzem, mężczyzna, który dziś nosi imię *Mądrość*, chciał dopełnić swych dni popijając wino na placu. Przywykliśmy do świętej tajemnicy życia i przestała mieć dla nas znaczenie. Wtedy Pan pomyślał sobie: Nie chcą iść? Niech więc zostaną na długo tam, gdzie tkwią teraz! Dopiero wtedy zrozumieliśmy Jego przesłanie. Stal asyryjskich mieczy przecięła życie młodych Akbarczyków, tchórzostwo wygnało tych w pełni sił. Bez względu na to, gdzie teraz są, wciąż tkwią w miejscu – przyjęli przekleństwo Boga.

My zaś walczyliśmy przeciwko Panu, tak jak walczymy z kobietami i mężczyznami, których kochamy. Ta walka jest naszym błogosławieństwem – sprawia, że wzrastamy. Wykorzystaliśmy szansę, jaką dała nam tragedia i spełniliśmy nasz obowiązek wobec Boga, dowodząc że jesteśmy zdolni posłuchać nakazu: *Idź!* Nawet w najcięższych okolicznościach szliśmy naprzód.

Są chwile, gdy Bóg domaga się naszego posłuszeństwa, ale są i takie, w których pragnie poddać próbie naszą wolę i rzuca wyzwanie naszemu pojmowaniu Jego miłości. Zrozumieliśmy Jego zamysły, gdy mury Akbaru legły w gruzach, odsłaniając nam nasz własny horyzont. Każdy z nas mógł zobaczyć, do czego jest zdolny. Przestaliśmy rozmyślać o życiu i postanowiliśmy je przeżyć.

I udało nam się.

Eliasz zauważył, że oczy ludzi nabrały blasku. Zrozumieli.

– Jutro oddam Akbar bez walki. Jestem wolny i mogę odejść kiedy zechcę, bo spełniłem to, czego Pan oczekiwał ode mnie. Jednak moja krew, mój pot i moja jedyna miłość spoczywają w tej ziemi i postanowiłem dożyć tu reszty mych dni, aby

uchronić to miasto przed ponownym zniszcze-
niem. Niechaj każdy podejmie własną decyzję, ale
nie zapominajcie, że jesteście stokroć lepsi, aniżeli
sądziliście.

Wykorzystaliście szansę, jaką dała wam tragedia – nie każdy potrafi tego dokonać.

Eliasz wstał i dał znak, że zebranie dobiegło
końca. Uprzedził chłopca, że wróci późno i kazał
mu się położyć, nie czekając na niego.

Udał się do świątyni – jedynego miejsca, które
oparło się zniszczeniu, choć Asyryjczycy skradli
posągi bogów. Z pietyzmem dotknął kamienia,
który według legendy znaczył miejsce, gdzie jeden
z przodków wetknął w ziemię kij i nie udało mu się
go wyciągnąć.

Pomyślał, że takie świątynie wznosi teraz w jego
kraju Jezabel i część ludności oddaje hołd Baalowi
i innym bóstwom. Znów to samo przeczucie prze-
niknęło mu duszę – wojna między Panem Izraela
a bogami Fenicji potrwa jeszcze długo, o wiele dłużej, niż mógł to sobie wyobrazić. Niczym w wizji,
zobaczył gwiazdy krzyżujące się ze słońcem, siejące
zniszczenie i śmierć w obydwu krajach. Ludzie mówiący osobliwymi językami dosiadali stalowych
zwierząt i staczali ze sobą pojedynki pośród chmur.

– Nie to powinieneś teraz oglądać, bo jeszcze
nie przyszła na to pora – usłyszał głos anioła. –
Spójrz przez okno.

Eliasz posłuchał. Tarcza księżyca w pełni rozświe-
tlała domy i ulice Akbaru i, choć było późno, dobie-
gały go rozmowy i śmiech mieszkańców. Mimo powrotu Asyryjczyków, ludzie nadal pragnęli trwać,
gotowi zmierzyć się z nowym rozdziałem życia.

Wtem dostrzegł jakąś postać. Rozpoznał kobietę, którą kochał. Znów spacerowała godnie ulicami swego miasta. Uśmiechnął się i poczuł, że musnęła jego twarz.

– Jestem dumna – zdawała się mówić. – Akbar naprawdę nadal jest piękny.

Chciał zapłakać, ale przypomniał sobie chłopca, który nie uronił ani jednej łzy po śmierci matki. Opanował się i wspomniał najpiękniejsze chwile, jakie przeżyli razem – od momentu spotkania przy bramie miasta aż do dnia, gdy na glinianej tabliczce napisała słowo „miłość". Znów zobaczył jej suknię, włosy, delikatny profil.

– Powiedziałaś mi, że jesteś Akbarem. Dlatego zatroszczyłem się o ciebie, wyleczyłem twe rany i teraz przywracam cię do życia. Bądź szczęśliwa. I powiem ci jeszcze jedno: ja też jestem Akbarem, ale nie wiedziałem o tym.

Miał pewność, że się uśmiecha.

– Wiatr od pustyni już dawno zatarł nasze ślady na piasku. Ale w każdej sekundzie mego życia pamiętam o wszystkim, co się wydarzyło, a ty wciąż wędrujesz w mych snach i na jawie. Dziękuję ci, że przeszłaś przez moją drogę.

Zasnął w świątyni, czując że kobieta gładzi go po włosach.

Przywódca karawany zobaczył na środku drogi zgraję obdartych włóczęgów. Pomyślał, że to rabusie i rozkazał, żeby wszyscy chwycili za broń.

– Kim jesteście? – zapytał.

– Jesteśmy ludem Akbaru – odparł z obcym akcentem brodaty mężczyzna o błyszczących oczach.

– Akbar został zniszczony. Władcy Tyru i Sydonu polecili nam odnaleźć studnię, aby tą doliną znowu mogły ciągnąć karawany. Łączność z resztą kraju nie może być przerwana na zawsze.

– Akbar wciąż istnieje – odparł mężczyzna. – A gdzie są teraz Asyryjczycy?

– Wszyscy to wiedzą – zaśmiał się przywódca karawany. – Użyźniają naszą ziemię i od dawna są pożywieniem ptaków i dzikich zwierząt.

– Przecież byli potężną armią.

– Armia nie ma żadnej mocy, jeśli wiadomo, kiedy zaatakuje. Akbar ostrzegł przed ich nadejściem, a Tyr i Sydon przygotowały zasadzkę po drugiej stronie gór. Tych, którzy nie polegli, nasi żeglarze sprzedali jako niewolników.

Ludzie w łachmanach wiwatowali, obejmowali się, płacząc i śmiejąc się jednocześnie.

– Ale kimże wy jesteście? – ponowił pytanie kupiec. – Kim jesteś ty? – skierował wzrok ku ich przywódcy.

– Jesteśmy młodymi wojownikami Akbaru – usłyszał w odpowiedzi.

Rozpoczęto trzecie zbiory i Eliasz pełnił funkcję namiestnika Akbaru. Na początku borykał się z trudnościami, bo dawny namiestnik zamierzał powrócić na swój urząd, jak nakazywała tradycja. Jednak mieszkańcy miasta odmówili przyjęcia go z powrotem i przez wiele dni grozili zatruciem wody w studni. W końcu władze fenickie ugięły się przed ich odmową. Właściwie Akbar, nie miał większego znaczenia, miał jednak wodę, której potrzebowali podróżujący. Poza tym w Izraelu rządziła tyryjska księżniczka. Oddając urząd namiestnika Izraelicie, Fenicja liczyła na lepsze stosunki handlowe z Izraelem.

Nowina obiegła okolicę dzięki karawanom kupieckim, które znów wróciły na szlak. Niektórzy w Izraelu uważali jeszcze Eliasza za najgorszego ze zdrajców, ale w swoim czasie Jezabel zajęła się tym. Zmieniała opinię ludzi i w kraju się uspokoiło. Księżniczka była rada, że jeden z jej największych wrogów stał się w końcu jej najlepszym sojusznikiem.

Zaczęły krążyć pogłoski o nowym najeździe Asyryjczyków i przystąpiono pospiesznie do rozbudowy murów Akbaru. Opracowano nowy system obronny, polegający na rozmieszczeniu straży i garnizonów między Tyrem i Akbarem, by w razie oblężenia jednego z miast, drugie mogło wysłać lądem posiłki i zapewnić dostawę żywności drogą morską.

Region kwitł w oczach. Nowy namiestnik, Izraelita, zaprowadził surowy system kontroli ceł i towarów, oparty na piśmie. Akbarska starszyzna zajmowała się wszystkim, cierpliwie rozwiązując rodzące się problemy.

Kobiety dzieliły swój czas między uprawę ziemi i tkactwo. W czasie, gdy miasto żyło w izolacji od świata, zmuszone były wymyśleć nowe rodzaje ściegów, by wykorzystać resztki ocalałych płócien. Pierwsi kupcy, którzy zawitali do miasta, zachwycili się nowymi haftami i złożyli wiele zamówień.

Dzieci poznały pismo z Byblos. Eliasz był pewien, że kiedyś im się to przyda.

Jak zawsze w porze żniw, przechadzał się po polach. Tego popołudnia dziękował Panu za obfitość łask, które spłynęły na niego przez wszystkie te lata. Widział ludzi z koszami pełnymi ziarna i rozbawione dzieci. Pomachał im ręką na powitanie.

Z uśmiechem na ustach podszedł do kamienia, gdzie dawno temu otrzymał glinianą tabliczkę z wypisanym na niej słowem „miłość". Zwykł przychodzić tu co dzień, by oglądać zachód słońca i wspominać każdą chwilę, którą spędził tu razem z wdową.

Po upływie wielu dni, w trzecim roku, Pan skierował do Eliasza to słowo: „Idź, ukaż się Achabowi, albowiem ześlę deszcz na ziemię".

Kiedy siedział na kamieniu, poczuł, że ziemia drży w posadach. Na krótką chwilę niebo pociemniało, lecz zaraz znów zabłysło słońce. Ujrzał jasność. Przed nim stał anioł Pański.

– Cóż się stało? – zapytał Eliasz przerażony. – Czyżby Pan wybaczył Izraelowi?

– Nie – odparł anioł. – Pan chce, abyś wrócił wyzwolić spod jarzma swój lud. Twoja walka z Nim dobiegła kresu i Pan cię błogosławi. Pozwala, byś kontynuował Jego dzieło na ziemi.

Eliasz stał oszołomiony.

– Właśnie teraz, gdy moje serce odnalazło spokój?

– Przypomnij sobie lekcję, której już raz ci udzielono – odezwał się anioł. – I słowa, które Pan wypowiedział do Mojżesza:

Pamiętaj na wszystkie drogi, którymi cię prowadził Pan, aby cię utrapić, wypróbować i poznać co jest w twym sercu.

A gdy się najesz i nasycisz, zbudujesz sobie piękne domy i w nich zamieszkasz; gdy się rozmnoży bydło i owce – strzeż się, byś w swej pysze nie zapomniał o Panu, Bogu Twoim.

– A Akbar? – zapytał Eliasz.

– Może obyć się bez ciebie, zostawiłeś bowiem następcę. Miasto przetrwa jeszcze długie lata.

I anioł Pański zniknął.

Eliasz i chłopiec doszli do podnóża Piątej Góry. Kamienne ołtarze zarosły krzewami – od śmierci wielkiego kapłana nikt tu nie przychodził.

– Chodźmy na szczyt.

– To zabronione.

– Tak, zabronione. Co nie znaczy, że niebezpieczne.

Wziął chłopca za rękę i zaczęli się wspinać. Od czasu do czasu zatrzymywali się i patrzyli w dół na dolinę. Susza odcisnęła swe piętno wszędzie, za wyjątkiem pól uprawnych wokół Akbaru. Wszystko inne przypominało pustynię tak samo spękaną jak ziemie Egiptu.

– Słyszałem od mych przyjaciół, że Asyryjczycy wrócą – odezwał się chłopiec.

– Być może, ale warto było pracować – taką drogę wybrał Bóg, aby nas nauczać.

– Nie wiem, czy aż tak mu na nas zależy. Nie musiał być tak surowy.

– Na pewno próbował innych sposobów, dopóki nie odkrył, że wcale Go nie słuchamy. Zanadto przyzwyczailiśmy się do naszego losu i nie zważaliśmy na Jego słowa.

– A gdzie one są zapisane?

– Wszędzie wokół nas. Wystarczy tylko być uważnym na wszystko, co się w życiu zdarza, a wtedy odkryjesz gdzie – w najdrobniejszej chwili dnia – kryją się Jego słowa i Jego wola. Staraj się wypełniać to, o co On prosi – to jedyny powód, dla którego przyszedłeś na ten świat.

– Gdy odkryję jego słowa, wypiszę je na glinianych tabliczkach.

– Zrób tak. Lecz przede wszystkim zapisz je w swym sercu. Tam nikt nie będzie mógł ich spalić ani zniszczyć i zabierzesz je ze sobą, dokądkolwiek pójdziesz.

Szli jakiś czas. Chmury były coraz bliżej.

– Nie chcę tam iść – odezwał się chłopiec.

– Nic złego ci nie zrobią, to tylko chmury. Chodź ze mną.

Wziął go za rękę. Powoli, krok po kroku wchodzili w mgłę. Syn wdowy przytulił się do Eliasza i milczał, choć Eliasz próbował nawiązać rozmowę. Szli po nagich skałach szczytu.

– Zawróćmy – poprosiło dziecko.

Eliasz postanowił nie nalegać. Ten chłopiec doświadczył już dość strachu i dość przeciwności w swym krótkim życiu. Posłuchał jego prośby. Wyszli z mgły i znów mieli widok na całą dolinę.

– Pewnego dnia poszukaj w bibliotece Akbaru tabliczek, które dla ciebie zapisałem. Noszą tytuł *Podręcznik wojownika światła*.

– Ja jestem wojownikiem światła – rzekł chłopiec.

– Czy pamiętasz moje imię? – zapytał Eliasz.

– *Wyzwolenie.*

– Usiądź obok mnie – poprosił Eliasz. – Nie mogę zapomnieć mego imienia. Muszę wypełnić moje powołanie, choć teraz pragnę jedynie być razem z tobą. Odbudowaliśmy Akbar, aby zrozumieć, że trzeba iść naprzód, bez względu na to, jak trudne nam się to wydaje.

– Odchodzisz.

– Skąd wiesz? – spytał zaskoczony Eliasz.

– Zapisałem to wczoraj w nocy na jednej z tabliczek. Coś mi to podszeptywało – może mama, a może anioł, ale czułem to w sercu.

Eliasz pogłaskał chłopca po głowie.

– Potrafiłeś odczytać wolę Bożą – odezwał się zadowolony. – Nie muszę więc nic ci tłumaczyć.

– Odczytałem jedynie smutek w twoich oczach. To nie było trudne. Inne dzieci też go zobaczyły.

– Ten smutek jest częścią mojej historii. Znikomą częścią, która potrwa zaledwie kilka dni. Jutro, gdy będę w drodze do Jerozolimy, przestanie być tak dotkliwy, a z czasem całkiem zniknie. Smutek nie trwa wiecznie, gdy zmierzamy ku temu, czego zawsze pragnęliśmy.

– Czy zawsze trzeba odchodzić?

– Zawsze trzeba wiedzieć, kiedy kończy się jakiś etap w życiu. Jeśli uparcie chcemy w nim trwać dłużej niż to konieczne, tracimy radość i sens tego, co przed nami. I narażamy się na to, że Bóg przywoła nas do porządku.

– Pan jest surowy.

– Tylko dla wybranych.

Eliasz spojrzał w dół na Akbar. Tak, Bóg czasem bywa bardzo surowy, ale nigdy ponad to, co człowiek może znieść. Chłopiec nie wiedział, że tu właśnie gdzie teraz siedzieli, Eliasz spotkał anioła Pańskiego i dowiedział się jak przywrócić go z martwych.

– Będzie ci mnie brakowało? – zapytał.

– Powiedziałeś mi, że smutek znika, gdy idziemy naprzód – odparł chłopiec. – Wiele jeszcze trzeba, aby Akbar był tak piękny, jak mama by chciała. Ona przechadza się jego ulicami.

– Wracaj tutaj, ilekroć będziesz mnie potrzebował, i spoglądaj w stronę Jerozolimy – ja tam będę, starając się nadać sens memu imieniu *Wyzwolenie*. Nasze serca pozostaną złączone na zawsze.

– Dlatego przyprowadziłeś mnie tutaj, na szczyt Piątej Góry? Abym mógł zobaczyć Izrael?

– Abyś mógł zobaczyć dolinę, miasto, inne góry, skały i chmury. Pan zwykł wołać swych proroków na szczyty gór po to, by mogli z Nim rozmawiać. Zawsze pytałem sam siebie, dlaczego tak robił, a teraz znam już odpowiedź – ze szczytu można dojrzeć jak wszystko jest małe. Tutaj nasze zwycięstwa i smutki przestają być ważne. To co zdobyliśmy i co straciliśmy zostaje w dole. Ze szczytu góry widzisz jak wielki jest świat i jak szeroki horyzont.

Chłopiec rozejrzał się wokół. Ze szczytu Piątej Góry czuł zapach morza obmywającego plaże Tyru i słyszał pustynny wiatr z Egiptu.

– Kiedyś będę zarządzał Akbarem – odezwał się do Eliasza. – Znam każdy kamień w tym mieście. Wiem, co trzeba zmienić.

– To zmieniaj. Nie pozwól, aby czas stanął w miejscu.

– Czy Bóg nie mógł wybrać innego sposobu, by

nam to wszystko ukazać? Była taka chwila, w której pomyślałem, że jest zły.

Eliasz milczał. Przypomniał sobie swoją rozmowę z lewitą sprzed kilku lat, gdy obaj czekali, aż żołnierze Jezabel przyjdą ich zabić.

– Czy Bóg może być zły? – nalegał chłopiec.

– Bóg jest Wszechmocny – odparł Eliasz. – Może wszystko i nic nie jest Mu zakazane. Inaczej musiałby istnieć ktoś potężniejszy od Niego, kto zabroniłby Mu pewnych rzeczy. Wtedy wolałbym oddawać cześć temu Najpotężniejszemu.

Zamilkł na chwilę, by chłopiec pojął sens jego słów. Po czym ciągnął dalej:

– Jednak za sprawą swej nieograniczonej mocy wybrał czynienie tylko Dobra. Gdybyśmy stanęli u kresu naszego losu, zobaczylibyśmy, że często Dobro przybiera postać Zła, ale wciąż jest Dobrem i stanowi część Boskiego planu dla ludzkości.

Wziął chłopca za rękę i zawrócili w milczeniu.

Tej nocy chłopiec spał w jego objęciach. O świcie Eliasz delikatnie odsunął go od siebie, starając się go nie zbudzić.

I nałożywszy na siebie jedyny przyodziewek jaki posiadał, wyszedł z domu. Po drodze podniósł z ziemi kawałek drewna, który miał mu posłużyć za kostur. Postanowił nigdy się z nim nie rozstawać, była to bowiem jedyna pamiątka po jego walce z Bogiem, po zniszczeniu i odbudowie Akbaru.

Nie oglądając się za siebie, poszedł do Izraela.

Epilog

Pięć lat później Asyria znów zaatakowała Fenicję – tym razem z armią lepiej przygotowaną i wodzami bardziej doświadczonymi. Pod panowanie obcego najeźdźcy dostał się cały kraj z wyjątkiem Tyru i Sarepty, przez jej mieszkańców zwanej Akbarem. Chłopiec wyrósł na mężczyznę, zarządzał miastem i przez swych współczesnych był uważany za mędrca. Zmarł w sędziwym wieku, otoczony przez liczną rodzinę. Zawsze powtarzał, że Akbar musi być piękny i silny, bo jego matka wciąż przechadza się ulicami miasta. Dzięki wspólnemu systemowi obronnemu Tyr i Sarepta długo były wolne, sto sześćdziesiąt lat po wydarzeniach opisanych w tej książce, w 701 roku p. n. e. zagarnął je asyryjski król Senakerib. Inne miasta fenickie nigdy nie odzyskały swej dawnej świetności i padały ofiarą najazdów Babilończyków, Persów, Macedończyków, Seleucydów i w końcu Rzymian. Mimo to istnieją do dziś dnia, albowiem, co poświadcza tradycja, Pan nigdy nie wybiera przypadkowo miejsc, które chce widzieć zamieszkanymi. Tyr, Sydon i Byblos nadal stanowią część Libanu i dziś jeszcze są polem bitwy.

Eliasz powrócił do Izraela i zwołał wszystkich proroków na górze Karmel. Tam polecił, by podzielili się na dwie grupy: na czcicieli Baala i wyznawców Pana. Zgodnie z przykazaniem anioła, darował cielca tym pierwszym i nakazał im wznosić modły do niebios, aby Bóg zechciał przyjąć ofiarę. Zapisane jest w Biblii:

Eliasz szydził z nich mówiąc: „Wołajcie głośniej, bo to bóg! Więc może zamyślony albo jest zajęty, albo udaje się w drogę. Może śpi, więc niech się obudzi".

Potem wołali głośniej i kaleczyli się według swojego zwyczaju mieczami oraz oszczepami, aż się pokrwawili. Ale nie było ani głosu, ani odpowiedzi, ani dowodu uwagi.

Wówczas Eliasz wziął swego cielca i złożył w ofierze zgodnie z nakazem anioła Pańskiego. Wówczas spadł ogień z nieba i *strawił żertwę i drwa oraz kamienie.*

W chwilę potem spadł obfity deszcz, kładąc kres czteroletniej suszy.

Wybuchła wojna domowa. Eliasz ukarał proroków, którzy zdradzili Pana. Jezabel kazała go odszukać, aby go zgładzić. On jednak schronił się na zachodnim zboczu Piątej Góry, skąd mógł spoglądać na Izrael.

Syryjczycy najechali kraj i strzałą. Król Achab, męża sydońskiej księżniczki, zginął od strzały, która trafiła przypadkiem w miejsce nieosłonięte zbroją.

236

Jezabel zamknęła się w swym pałacu, a po kilku powstaniach ludu, po upadku kolejnych władców, w końcu została pojmana. Wolała rzucić się z okna, aniżeli oddać się w ręce tych, którzy przyszli odebrać jej wolność.

Eliasz pozostał na górze do końca swych dni. Biblia mówi, iż pewnego wieczoru, gdy rozmawiał z Elizeuszem – prorokiem, którego wyznaczył swym następcą, *zjawił się wóz ognisty z rumakami ognistymi i rozdzielił obydwóch, a Eliasz wśród wichru wstąpił do niebios.*

Blisko osiemset lat później Jezus zaprosił Piotra, Jakuba i Jana, aby weszli na górę. Ewangelista Mateusz opisuje, że *tam przemienił się wobec nich: twarz Jego zajaśniała jak słońce, odzienie zaś stało się białe jak światło. A oto im się ukazali Mojżesz i Eliasz, którzy rozmawiali z Nim.*

Jezus poprosił Apostołów, aby nie rozpowiadali o tym widzeniu do czasu aż Syn Człowieczy nie wstanie z martwych, oni zaś odrzekli, że to się nie stanie się nigdy, jeżeli Eliasz nie powróci.

Mateusz [17, 10-13] tak opisuje ciąg dalszy tej historii:
Wtedy zapytali Go uczniowie: „czemu uczeni w Piśmie twierdzą, że najpierw musi przyjść Eliasz?" On odparł: „Eliasz istotnie przyjdzie i naprawi wszystko. Lecz powiadam wam: Eliasz już przyszedł, a nie poznali go i postąpili z nim tak jak chcieli". Wtedy uczniowie zrozumieli, że mówił im o Janie Chrzcicielu.

PAULO COELHO w POLSCE:

Alchemik [1995]

Na brzegu rzeki Piedry usiadłam i płakałam... [1997]

Piąta Góra [1998]

Weronika postanawia umrzeć [2000]

Podręcznik wojownika światła [2000]

Demon i panna Prym [2002]

Pielgrzym [nakładem wyd. Świat Książki, 2003]

Jedenaście minut [2004]

Zahir [2005]

Być jak płynąca rzeka [nakładem wyd. Świat Książki, 2006]

Czarownica z Portobello [2007]

INSPIRACJE:

Alchemia *Alchemika* • W. Eichelberger w rozmowie z W. Szczawińskim [2001]
Juan Arias • **Zwierzenia Pielgrzyma. Rozmowy z Paulem Coelho** [2003]

WYDANIE PIĘTNASTE · NAKŁAD 5 000 EGZ · PRINTED IN POLAND

DRZEWO BABEL

WARSZAWA, KWIECIEŃ 2007

Wyłączny dystrybutor

firma księgarska
fk
Jacek Olesiejuk

Druk i oprawa:
Z. P. Druk-Serwis G. Górska Sp. j.
ul. Tysiaclecia 8b
06-400 Ciechanów